English Theme Reading

좋은 지문 다 모은
테마영문독해

Social Sciences
사회과학

정연재
중앙대학교 영어영문학과와 같은 학교 대학원 영어영문학과를 졸업하였다.
고등학교 영어교사, 토플·토익 강사로 여러 해 영어를 가르쳤고,
도서출판 고려원 부설 「고려원어학연구원」 원장으로 재직하면서
많은 영어 교재들을 연구하고 개발하였다.
저서로는 《좋은 지문 다 모은 테마영문독해》(전7권)
《좋은 지문 다 모은 주니어 테마영문독해》(전6권)
《TOEFL 초보를 위한 기본독해》《영미문화사전》 등이 있다.

좋은 지문 다 모은 테마영문독해·사회과학

2008년 8월 5일 발행

편저자·정연재
발행인·김대현
발행처·영어포럼

서울시 영등포구 영등포동 6가 147-7
대표전화·02-323-7901 팩스·02-323-7902
홈페이지·www.englishforum.co.kr
등록번호·제318-1999-000125호
등록일자·1999년 2월 2일
English Theme Reading ⓒ English Forum 2008
ISBN 978-89-88891-43-8 ISBN 978-89-88891-39-1(전7권)

값 11,000원

저자와 출판사의 사전동의 없이 책 내용의 전체 또는 일부를 어떤 형태, 어떤 방법으로도
발췌 또는 저장, 복사, 전파할 수 없습니다.

좋은 지문 다 모은

테마 영문독해

SOCIAL SCIENCES
사회과학

정연재 편저

영어포럼

《테마영문독해》를 내면서

지금까지 우리의 읽기 학습은 일부 영역(문화 등)에 치우친 경향이 있었다. 일상어라고 할 때, 그 일상어는 문화 등의 일부 영역의 어휘만을 포함하는 것이 아니라 자연과학, 사회과학, 산업기술, 의학 등 여러 분야의 어휘를 포함한다. 따라서 일부 영역에 치우친 영어 학습은 극히 일상적인 글 예컨대, 간단한 광고문, 인터넷 상의 일반적인 정보, 신문의 가벼운 글 등을 읽는 것조차 부담스럽게 한다. 《테마영문독해》는 기존의 독해 학습서들이 가지고 있는 취약점을 극복한 균형 잡힌 독해 학습서이다.

《테마영문독해》는 7권, 26개 영역, 660개 테마로 분류되어 있다.
시험을 준비하는 사람이라면 다양한 영역의 글을 균형 있게 학습해야 하며, 특정 분야의 글을 읽기 위해서 학습하는 사람이라면 어느 한 영역만을 집중적으로 읽을 필요가 있다. 이것이 《테마영문독해》가 영역별, 테마별로 분류되어 있는 이유이다.

《테마영문독해》에는 효율적인 독해 방법이 있다.
독해능력을 높이기 위해서는 자기 수준에 맞는, 다양한 글을 많이 읽어야 한다.
초·중급 수준의, 영어를 공부하는 사람이라면 한번쯤 읽어야 하는 글을 엄선하여 수록한 것이 《테마영문독해》이다.

《테마영문독해》에는 다양한 영역의 지식이 있다.
인류가 축적한 모든 지식을 영역별, 테마별로 골고루 섭취할 수 있어서, 영어 독해력과 함께 다양한 영역의 지식과 교양을 습득할 수 있다. 또한 각 지문에 딸려 있는 〈보너스 상식〉은 영어권 문화를 이해하는 데 좋은 자료가 될 것이다.

한 가지 덧붙이자면, 《테마영문독해》에 수록되어 있는 26개 영역의 글들은 결코 전문적인 글이 아니다. 여러분이 토플·토익 혹은 수능 등의 시험을 준비하고 있거나 영어로 된 정보를 읽기 위해서 공부하고 있다면, 《테마영문독해》는 여러분에게 좋은 교재가 될 것이다. 특히, 토플·토익을 처음 준비하는 분에게 《테마영문독해》는 유익한 교재가 될 것이다.
《테마영문독해》를 공부하면서 중요하다고 생각하는 글을 표시해 두었다가 반복해서 큰소리로 읽고, 지문 녹음 자료를 듣는다면 여러분의 영어 공부에 많은 성과가 있을 것이다.

「정연영어학습법 Jungyun Method」

1. 개념 : 영어의 기본 패턴인 '리듬과 어순을 빨리 효과적으로 습득하는 방법'
2. 영어만의 스타일
    ① 말 : 음절이나 단어들의 음(sound)이 '강약' (stressed/unstressed), '고저' (high/low), '장단' (long/short)으로 일정하게 조합되는 패턴, 곧 '리듬' (rhythm)에 영어의 특징적인 스타일이 있다.
    ② 글 : 글의 스타일은 단어의 성격에 따라 나뉘는 '의미어' (meaningful words)와 '기능어' (functional words)가 일정하게 조합되는 패턴 즉, '문장 구조' (sentence structure) 또는 '어순' (word order)이 영어의 특징적인 스타일이다.

    ▶ 단어의 분류
    1. 의미어(meaningful words)
        ① 명사, 동사, 형용사, 부사, 의문사 등 의미(뜻)를 가지는 단어이다.
        ② 문장의 핵심어(key words)가 된다.
        ③ 강세가 있고(stressed), 고음(high), 장음(long)으로 발음되는 경향이 있어, 뚜렷하게 들린다.
    2. 기능어(functional words)
        ① 관사, 대명사, 전치사, 접속사, 관계사, 조동사, be동사 등이다.
        ② 스스로 의미를 가지고 있지는 않고, 단어나 문장을 연결해 주거나 의미어를 보조하는 기능적인 단어이다.
        ③ 강세가 없고(unstressed), 저음(low), 단음(short)으로 발음되는 경향이 있어, 뚜렷하게 들리지 않는다.

3. 문법 학습
    ① 문법 학습이란 영어의 문장 구조인 어순을 습득하는 과정이다.
    ② 영어 문장의 어순은 주어가 첫째 자리, 동사가 두 번째 자리를 차지하는 것이 대 원칙이다.
       의문문이나 명령문, 도치문 등은 이 어순이 바뀌는 변형문이다.
    ③ 기능어와 의미어의 조합 과정을 익힌다.

4. 듣기 학습
    ① 영어를 들을 때 우리말로 옮기려는(통역하려는) 습관을 버린다. 영어를 듣자마자 바로 내용을 연상하는 것이 바른 듣기이다.
    ② 강세가 있고, 고음, 장음으로 뚜렷하게 잘 들리는 단어가 바로 의미어로, 대화나 말의 내용과 핵심을 이룬다.
    ③ 기능어와 의미어가 조합된 문장 패턴 속에서 강약, 고저, 장단음으로 이어지는 영어 리듬을 습득한다.
    ④ 모든 단어의 강세 위치를 반드시 익힌다.
    ⑤ 녹음된 원어민의 목소리를 반복해서 듣는다.

5. 읽기 학습
    ① 영문을 읽을 때 우리말로 먼저 번역하는 습관을 버린다. 영문을 읽고 바로 내용을 연상하는 것이 바른 읽기이다.
    ② 문단의 구조를 습득한다. 문단 내에서 문장들은 논리적·시간적으로 일정한 순서로 조합되는데, 이 문장들의 순서(sentence order)를 습득하는 것이다.
    ③ 습득한 문단 구조를 바탕으로, 의미어 중심으로 훑어 읽는다.(skimming)
    ④ 6하원칙(when, where, who, what, how, why)을 중심으로 읽는다.
    ⑤ 필요한 부분만 읽는다.(scanning)

효과적인 영문독해

1. 영문을 읽을 때 우리말로 먼저 번역하는 습관을 버린다. 영문을 읽고 바로 내용을 연상하는 것이 바른 읽기이다.

영어 문장을 눈으로 읽고 우선 우리말을 머리에 떠올린 다음 뜻을 새기는 태도를 고쳐야 한다. 우리는 지금까지 영어를 비롯한 모든 외국어를 우리말로 해석하는 것을 중심으로 학습하는 경향이 있었다. 뜻글자인 한자(또는 한문)를 공부하던 태도와 같이 외국어의 단어나 문장의 뜻을 우리 글로 옮기는 작업을 절대적으로 생각한다. 이것은 말이나 글의 뜻을 새기는 단계를 지나 번역 작업에 치우친 것이다. 우리가 흔히 '해석'이라고 하는 이 번역 작업은 읽기(독해)와 다르다. 영어 문장을 읽어 나갈 때, 대역되는 우리말 단어를 생각하며 번역 문장을 만들고 나서, 다시 그 의미를 새기는 과정은 '독해' 시간을 오래 걸리게 한다. 눈으로 영문을 보는 즉시 바로바로 의미를 떠올리도록 훈련해야 한다.

'글'을 읽고 '그림'(의미)을 떠올리는 것이 읽기인데, 중간에 우리말을 끼워넣는 과정을 거치지 말자는 것이다.

2. 문단의 구조를 습득한다.

문단 내에서 문장들은 논리적 · 시간적으로 일정한 순서로 조합되는데, 이 문장들의 순서(sentence order)를 습득하는 것이다. 하나의 주제 아래 통일된 의미를 전달하기 위해 여러 문장들이 일관성 있게 조합된 형식을 '문단'(paragraph)이라고 한다.

이 문단이 구성된 패턴 즉, 문단 구조을 미리 알면 독해를 빨리, 그리고 훨씬 효과적으로 할 수 있다. 다음은 전형적인 문단 구조를 갖고 있는 예이다.

Gold, a precious metal, is prized for two important characteristics. First of all, gold has a lustrous beauty that is resistant to corrosion. Therefore, it is suitable for jewelry, coins, and ornamental purposes. Gold never needs to be polished and will remain beautiful forever. For example, a Macedonian coin remains as untarnished today as the day it was minted twenty-three centuries ago. Another important characteristic of gold is its usefulness to industry and science. For many years, it has been used in hundreds of industrial applications. The most recent use of gold is in astronauts' suits. Astronauts wear gold-plated heat shields for protection outside the spaceship. In conclusion, gold is treasured not only for its beauty, but also for its utility.

— 주제문(subject sentence)

서술문(supporting sentences)
· 논리적 순서(logical order)
· 일관성(coherence)
· 통일성(unity)

— 결론문(concluding sentence)

3. 습득한 문단 구조를 바탕으로, 의미어 중심으로 훑어 읽는다.(skimming)

① 각 단락의 첫 문장과 마지막 문장을 먼저 읽는다. 각 단락의 첫 문장은 그 단락의 주제를 내포하고, 첫 단락의 첫 문장은 글 전체의 주제를, 마지막 단락의 마지막 문장은 대체로 결론을 내포한다. 이때, 자주 등장하는 어구들(대체로 명사)은 보통 글의 핵심어(key world)이므로 기억해 둔다.

② 초점을 단어 하나하나에 집중하지 않고, 구(phrase) 단위 또는 절(clause) 단위로 훑어 내려가며 시선을 매끄럽게 옮긴다. 중요한 것은 눈에 띄는 어휘를 발견할 때, 되도록 우리 말 단어를 찾지 말고 곧바로 '뜻'(의미)을 연상해야 한다. 머릿속에 떠오르는 그림(내용, 의미)을 붙잡도록 해야 한다. 처음에는 영어 문장들이 무슨 뜻인지 모르지만, 몇 문장을 차분히 그렇게 시선을 옮겨가다 보면 '무엇'(주제 또는 핵심어)에 대해 서술하고 있는지 감이 잡힌다. 즉, 전달받은 어떤 내용이 머릿속에 그림으로 잡힌다.

③ 연결어들을 살펴가면서 읽으면 좀더 정확히 그리고 효과적으로 문맥을 파악할 수 있다.

④ 모르는 단어가 나올 경우, 문장과 문단의 전후 맥락을 통해 그 단어의 뜻을 추측하여 읽는다.

4. 6하원칙(when, where, who, what, how, why)을 중심으로 읽는다.

글을 읽을 때는 늘 6하원칙을 파악한다. 글은 대부분 6하원칙에 의거하여 의사를 전달하므로, 이 6하원칙을 파악하는 것이 곧, 독해의 목적이라 할 수 있다. 독해 문제는 결국 이 여섯 가지 사항을 묻는 문제이다.

5. 필요한 부분만 읽는다.(scanning)

우리는 여러 가지 이유로 글을 읽는다. 영문을 읽을 때도 마찬가지다. 그래서 그 이유에 알맞은 방식으로 글을 읽는 것은 중요하다. 전체를 꼼꼼하게 읽어야 할 필요도 있지만, 필요한 부분만 읽어야 할 경우도 있다. 특히 시험을 준비하는 학습자라면, 문제가 요구하는 답을 찾기 위해 필요한 부분만 읽는 훈련을 많이 해야 한다. 물론 이런 훈련은 시험을 준비하는 학습자에게만 유용한 것은 아니다. 영어 정보를 습득하려는 학습자들에게도 필요한 훈련이다.

좋은 지문 다 모은 테마영문독해 • 사회과학

Contents

제 1 장
정치 Political Aspects

《테마영문독해》를 내면서 / 4
「정연영어학습법」 / 5
효과적인 영문독해 / 6

01. Capitalism 자본주의 ······ 14
02. Communism 공산주의 ······ 15
03. Courts 법원 ······ 18
04. Democracy 민주주의 ······ 21
05. Disarmament 군축 ······ 23
06. Elections 선거 ······ 25
07. Emancipation Proclamation 노예해방선언 ······ 28
08. Government 정부 ······ 29
09. Guerrilla Warfare 게릴라전 ······ 31
10. Imperialism 제국주의 ······ 32
11. International Law 국제법 ······ 34
12. Law and Law Enforcement 법률과 법 집행 ······ 38
13. Missiles 미사일 ······ 41
14. Municipal Government 자치 정부 ······ 43
15. OPEC 석유수출국기구 ······ 45
16. Peace Corps 미국의 평화봉사단 ······ 46
17. Police 경찰 ······ 48
18. Political Parties 정당 ······ 49
19. Prisons 교도소 ······ 50
20. Socialism 사회주의 ······ 51
21. Spies 간첩 ······ 54
22. United States Army 미 육군 ······ 55
23. Congress of the United States 미 의회 ······ 56
24. George Washington 조지 워싱턴 ······ 58

제 2 장
경제 Economics

01. Advertising 광고 ⋯⋯⋯⋯⋯⋯⋯⋯⋯⋯⋯⋯⋯⋯⋯⋯⋯⋯⋯⋯⋯⋯ 60
02. Banks and Banking 은행과 은행업 ⋯⋯⋯⋯⋯⋯⋯⋯⋯⋯⋯ 62
03. Bookkeeping and Accounting 부기와 회계 ⋯⋯⋯⋯⋯⋯ 64
04. Business 기업 ⋯⋯⋯⋯⋯⋯⋯⋯⋯⋯⋯⋯⋯⋯⋯⋯⋯⋯⋯⋯⋯⋯⋯ 65
05. Economics 경제 ⋯⋯⋯⋯⋯⋯⋯⋯⋯⋯⋯⋯⋯⋯⋯⋯⋯⋯⋯⋯⋯ 66
06. Income Tax 소득세 ⋯⋯⋯⋯⋯⋯⋯⋯⋯⋯⋯⋯⋯⋯⋯⋯⋯⋯⋯ 71
07. Inflation and Deflation 인플레이션과 디플레이션 ⋯⋯⋯ 72
08. Insurance 보험 ⋯⋯⋯⋯⋯⋯⋯⋯⋯⋯⋯⋯⋯⋯⋯⋯⋯⋯⋯⋯⋯⋯ 75
09. International Trade 무역 ⋯⋯⋯⋯⋯⋯⋯⋯⋯⋯⋯⋯⋯⋯⋯⋯ 76
10. Mail Order Shopping 우편 주문 구매 ⋯⋯⋯⋯⋯⋯⋯⋯⋯ 78
11. Money 돈 ⋯⋯⋯⋯⋯⋯⋯⋯⋯⋯⋯⋯⋯⋯⋯⋯⋯⋯⋯⋯⋯⋯⋯⋯⋯ 79
12. Retail Stores 소매상 ⋯⋯⋯⋯⋯⋯⋯⋯⋯⋯⋯⋯⋯⋯⋯⋯⋯⋯ 80
13. Sales and Marketing 판매와 영업 ⋯⋯⋯⋯⋯⋯⋯⋯⋯⋯⋯ 81
14. Stocks and Bonds 증권과 채권 ⋯⋯⋯⋯⋯⋯⋯⋯⋯⋯⋯⋯ 82
15. Tariffs 관세 ⋯⋯⋯⋯⋯⋯⋯⋯⋯⋯⋯⋯⋯⋯⋯⋯⋯⋯⋯⋯⋯⋯⋯ 85
16. Taxation 과세 ⋯⋯⋯⋯⋯⋯⋯⋯⋯⋯⋯⋯⋯⋯⋯⋯⋯⋯⋯⋯⋯ 86
17. Trade and Commerce 무역과 상업 ⋯⋯⋯⋯⋯⋯⋯⋯⋯⋯ 87

제 3 장

사회 Social Aspects

01. Adoption 입양 90
02. Birth Control 산아 제한 92
03. Blindness 시각 장애 94
04. Census 센서스 96
05. Computers 컴퓨터 98
06. Crimes 범죄 101
07. Deafness 청각 장애 103
08. Disabled People 장애인 105
09. Drug Abuse 약물 남용 107
10. Homeless People 집 없는 사람들 109
11. Immigration 이민 110
12. Labor Movement 노동 운동 112
13. Old Age 노년 114
14. Poverty 가난 117
15. Racism 인종차별주의 118
16. Refugees 난민 121
17. Right to Die 사망 권리 123
18. Sexism 성차별주의 124
19. Social Security 사회보장 125
20. Social Work 사회사업 126
21. Sociology 사회학 127
22. Surrogate Mother 대리모 128
23. Terrorism 테러리즘 129
24. Unemployment 실직 130
25. U.S. Civil Rights Movement 미국의 인권 운동 132
26. Public Welfare 공공복지 134
27. Women's Rights Movement 여성 운동 135

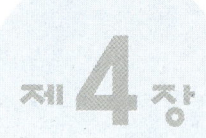

언론과 정보통신 Journalism and Communication

01. Advertising 광고 ·· 138
02. Broadcasting 방송 ·· 142
03. Television 텔레비전 ·· 143
04. Codes 암호 ·· 145
05. Communication 커뮤니케이션 ··· 146
06. Journalism 언론 ·· 149
07. Magazines 잡지 ··· 151
08. Newspapers 신문 ·· 152
09. Opinion Polls 여론조사 ··· 154
10. Public Relations (PR) 홍보 ·· 155
11. Publishing 출판 ··· 157
12. Amateur Radio 아마추어 무선통신 ·· 158
13. Sound Recording 녹음 ··· 159
14. Telecommunications 원격통신 ·· 160
15. Telegraph Service 전신 ·· 162
16. Telephone 전화 ··· 163
17. Video Recording 비디오 녹화 ·· 164

정답과 번역 / 165

THEME ENGLISH READING

정치 Political Aspects

Capitalism 01 자본주의
Communism 02 공산주의
Courts 03 법원
Democracy 04 민주주의
Disarmament 05 군축
Elections 06 선거
Emancipation Proclamation 07 노예해방선언
Government 08 정부
Guerrilla Warfare 09 게릴라전
Imperialism 10 제국주의
International Law 11 국제법
Law and Law Enforcement 12 법률과 법 집행
Missiles 13 미사일
Municipal Government 14 자치 정부
OPEC 15 석유수출국기구
Peace Corps 16 미국의 평화봉사단
Police 17 경찰
Political Parties 18 정당
Prisons 19 교도소
Socialism 20 사회주의
Spies 21 간첩
United States Army 22 미 육군
Congress of the United States 23 미 의회
George Washington 24 조지 워싱턴

theme 01 Capitalism 자본주의

1 In the early stages of the Industrial Revolution, many people believed that capitalism would work best if capitalists were left free to do as they pleased. They believed that governments should follow a hands-off policy toward business.

But factory owners often abused their power, and workers suffered. The working day was long, 10 or 12 hours being common. Women and children worked for very low pay. Factories were badly lighted, poorly ventilated, and dirty. Workers were not protected from dangerous machinery.

Reformers cried out _____ these conditions. The political economist Karl Marx, one of the founders of Communism, wrote books claiming that capitalism must die of its own cruelty and greed.

Indústrial Revolútion 산업 혁명 cápitalism n. 자본주의 capitalist n. 자본가, 전주, 자본주의자 hands-off policy 간섭 배제 정책 abúse v. 남용하다 cómmon adj. 흔한 véntilate v. 환기시키다 protéct v. 보호하다 refórmer n. 개혁가 político ecónomist 정치경제학자 founder n. 창시자 Cómmunism n. 공산주의 claim v. 주장하다 die of ~ ~때문에 죽다 crúelty n. 잔인성 greed n. 탐욕

1. According to Karl Marx, why does Capitalism fall?

① Bad conditions of Factories ② The foundation of Communism
③ Government's hands-off policy ④ Its own cruelty and greed
⑤ Long working time

2. What is the suitable word for the blank?

① for ② against
③ to   ④ with
⑤ because of

풀이 1. ① 공장들의 열악한 조건 ② 공산주의 창시 ③ 정부의 간섭 배제 정책 ④ 그 자체의 잔인성과 탐욕
⑤ 긴 노동시간
Karl Marx의 말은 마지막 단락에 나와 있다, 먼저 Karl Marx를 찾으면 된다,
2. '대항'의 의미가 있는 전치사를 찾을 것

 수정자본주의

J. M. Keynes(케인즈)가 《일반 이론》에서 설명한 개념. 원칙적으로는 자본주의 체제를 유지하면서 자본주의 발달 과정에서 발생한 모순을 극복하기 위한 보강책이다. 제2차 세계대전 이후 영국 노동당의 정책이나, 미국의 뉴딜(New Deal)정책 등이 이 이론을 적용했던 예이다.

Communism 공산주의

In the early 1800's the countries of Western Europe gradually began to change from an agricultural to an industrial way of life. Many people moved from the farms to the cities to work in the newly emerging factories, where they were forced to labor under very harsh conditions.

Critics of early industrial society thought that the hardships of workers would end if there was no private ownership of property. If property was owned by all the people, they believed, the burdens and benefits of society would then be shared equally by all. They called this system socialism or communism, using the terms interchangeably.

grádually *adv.* 점차 agricúltural *adj.* 농업의 indústrial *adj.* 산업의 emérge *v.* 떠오르다 labor *v.* 일하다 harsh *adj.* 혹심한, 거친 crítics *n.* 비평가 hárdship *n.* 고초, 학대 próperty *n.* 물품, 재산 búrden *n.* 부담 share *v.* 공유하다 socialism *n.* 사회주의 interchángeably *adv.* 호환하여, 바꾸어 쓸 수 있는

1. Which of the following is <u>not</u> a correct statement about communism in the passage?

① No private ownership of property
② Owning of property by all the people
③ Equal share of social benefits by all
④ Workers' suffering from social burdens
⑤ Socialism

풀이 ① 재산의 비개인적인 소유 ② 모든 사람들의 재산 소유 ③ 모든 사람들의 사회적 혜택의 동등한 공유 ④ 노동자들의 사회적 부담 고통 ⑤ 사회주의
둘째 단락에서 공산주의의 성격을 그대로 서술하고 있다. 한 문장씩 확인한다.

 계급투쟁(class struggle)

서로 다른 계급 간의 경제적 이해의 대립에서 생기는 투쟁이다. 마르크스에 따르면 계급 사회에서는 계급투쟁이 역사의 원동력이며, 인류의 역사는 계급투쟁을 통해 발전한다고 한다. 또한 자본주의 사회에서의 계급투쟁은 부르주아지(자본가계급)와 프롤레타리아트(노동자계급) 간의 투쟁이라고 한다. 노동자계급의 계급투쟁에는 정치투쟁, 경제투쟁, 사상투쟁의 3가지가 있는데, 경제투쟁과 사상투쟁은 정치투쟁에 종속된다고 한다.

theme 02 Communism 공산주의

2 In spite of some successes, the Soviet Communist model eventually proved a failure. In part this was due to conflicts among the Communist nations, who varied widely in their economic development and national interests and resented efforts by the Soviet Union to dominate them. Relations, for example, between the Soviet Union and the People's Republic of China, the world's most populous Communist country, were extremely hostile for more than thirty years.

A major cause of the collapse, however, was the very nature of the Soviet Communist system. Based on a rigid, centrally planned economy controlled by the state and the absolute rule of the Communist Party, it neither provided its people with any more than their simplest needs nor gave them a voice in their own government.

In the late 1980's, new Soviet leaders, under Mikhail Gorbachev, Communist Party leader and later Soviet president, attempted far-reaching economic and political reforms. These spread quickly to the Eastern European Communist states, where, between 1989 and 1992, Communist regimes and state-controlled economies were replaced by elected governments and a free-market system. In the Soviet Union, however, the failure of economic reforms and the surge of nationalism among its many different peoples led, at the end of 1991, to the breakup of the country.

be due to ― ~ 때문이다 vary *v.* 달라지다, 변하다 resént *v.* 분개하다 éffort *n.* 노력 dóminate *v.* 지배하다 pópulous *adj.* 인구가 많은 extrémely *adv.* 극도로 hóstile *adj.* 적대적인 collápse *n.* 붕괴 rígid *adj.* 엄격한, 굳은 ábsolute *adj.* 절대적인 rule *n.* 통치 fár-reaching 광범위한 refórm *n.* 개혁 spread *v.* 퍼지다 regíme *n.* 정권 státe-contrólled 국가 통제의 repláce *v.* 대체하다, 바꾸다 free-market system 자유시장 체제 surge *n.* 물결, 격동 bréakup *n.* 분열

1. Which of the following is the best title for the passage?

① Breakup of the Soviet Union
② Causes of the Collapse
③ Collapse of the Soviet System
④ Conflicts among the Communist Nations
⑤ Nature of the Soviet Communist System

풀이 ① 소련의 분열 ② 붕괴의 원인 ③ 소련 체제의 붕괴 ④ 공산국가들 간의 투쟁 ⑤ 소련 공산주의 체제의 본질
이 글의 제목은 주제문인 첫 문장의 핵심어로 알 수 있다. (failure = collapse)

Communism 공산주의

페레스트로이카(Perestroika)

'고르바초프의 개혁'을 가리키는 말로, 영어로 restruction(개편) 또는 reconstruction(재건)이라는 뜻이다. 당시 고르바초프 서기장은 조직, 기구의 개편 정리 또는 확대를 통해 사회 체제를 정비하고 새로운 유능한 인물을 배치하여 각종 개혁 정책을 효과적으로 수행하려고 하였다. 중앙 권력의 지방 이양, 기업 경영에 폭넓은 자율권 부여, 대외 개방 무역 체제 도입 등 경제 제도 개혁에 역점을 두었다. 페레스트로이카는 동유럽과 소련의 공산주의 붕괴를 가져온 도화선이 되었다.

theme 03 Courts 법원

1 Courts handle two kinds of disputes: civil and criminal. In general, a civil case is a dispute between two citizens. In the United States, judicial decisions are often made based on 'precedent,' or past decisions in similar cases. In civil law countries, judges must decide cases according to written codes established by the government. Juries are rarely used in civil law countries.

In a civil suit, the court must decide which person is right. For example, if one person signs a written promise to pay money to another, the second person has a right to expect payment. If the first person fails to pay, the second person may sue the first in civil court.

Other civil suits arise from accidents. Often, the people involved in an accident disagree about whose fault it was. The civil court must decide. The plaintiff (the accuser) usually asks for money in compensation for damages caused by the defendant (the accused).

Criminal law, on the other hand, is a public matter. Here, the injury is thought to harm the community as a whole. For example, if a thief breaks into a shop and steals money, the crime affects the shopkeeper and all of the people in the community because everyone's sense of peace and security is threatened. Therefore, it is a case for the criminal courts. People are sent to jail fairly often when convicted in criminal cases, but only rarely in civil cases.

court *n.* 법원, 법정 dispúte *n.* 분쟁 cívil *adj.* 민사의 críminal *adj.* 형사의, 범죄의 (*cf.* crime *n.* 범죄) case *n.* 사건 judicial decísion 사법 결정, 판결 précedent *n.* 판례(= past decisions in similar cases) judge *n.* 판사, 재판장 written code 성문법 jury *n.* 배심원 civil law country 시민법 국가 civil suit 민사소송 written promise 각서 expéct páyment 지불을 받다 sue *v.* 소송하다 (*cf.* suit *n.* 소송) civil court 민사 법원 pláintiff *n.* 원고(= the accuser) in compensation for – ~에 대한 배상으로 deféndant *n.* 피고(= the accused) críminal law 형사법 on the other hand 한편 as a whole 전체 break into – ~을 침입하다 secúrity *n.* 안녕, 보안 threaten *v.* 위협하다 criminal court 형사 법원 jail *n.* 감옥 convíct *v.* 유죄를 입증하다

1. The underlined word <u>precedent</u> is closest in meaning to

① case for the criminal courts   ② compensation for damages
③ past decisions in similar cases   ④ written codes
⑤ written promises

풀이 ① 형사 법원의 사건 ② 손해 배상 ③ 비슷한 사건의 과거 판결 ④ 성문법 ⑤ 각서
첫 단락의 'precedent' 위에 바로 그 의미가 기재되어 있다.

Courts 법원

법률 용어

① accúse *v.* 고소하다 ② affírm *v.* 확정 판결하다 ③ appéal *n.* 상소, 항소, 상고 ④ bail *n.* 보석(금)
⑤ case *n.* 사건 ⑥ compláint *n.* 원고의 최초 진술 ⑦ deféndant *n.* 피고, 피고소인(= the accused)
⑧ indíctment *n.* 기소, 고발 ⑨ jail *n.* 교도소, 구치소, 유치장 *cf.* prison 교도소 ⑩ judge *n.* 판사
⑪ jury *n.* 배심원단 (12명) *cf.* juror *n.* 배심원 (개인) grand jury 대배심 (23인 이하로 구성)
⑫ pláintiff *n.* 원고, 고소인(= the accuser) ⑬ pleadings *n.* 소장(訴狀), 탄원서 ⑭ précedent *n.* 판례, 선례
⑮ prósecutor *n.* 기소자, 검사 ⑯ revérse *v.* 취하하다, 파기하다 ⑰ suit *n.* 소송 *cf.* sue *v.* 소송하다
⑱ téstimony under oath 선서 증언 ⑲ vérdict *n.* (배심원의) 평결 ⑳ wítness *n.* 증언, 증인, 목격자

Courts 법원

2 After the jury has heard all the evidence, the judge instructs the jury by explaining the law that applies in the case. This is called the court's charge to the jury. In a jury trial these 12 citizens become judges for that case. They are the ones who must decide what happened. But they must also know some law in order to hand down a decision, or verdict—either guilty or not guilty in a criminal case, or an award of money as damages in a civil case. The judge tells them all the law necessary for that particular case.

After the charge, the jury leaves the courtroom. Alone in the jury room, they talk over the case, make up their minds, and try to reach a verdict. They must remember that in the United States a person is considered innocent until proven guilty. As long as a juror has a 'reasonable doubt' about a defendant's guilt, a verdict of not guilty must be returned.

In a criminal case everybody on the jury has to agree. In a civil case a strong majority is enough. Sometimes jurors reach a verdict in minutes. Sometimes it takes days. If the jurors never can agree, the jury is said to be hung, or deadlocked. Then the case must be tried over again, before a different jury.

instrúct v. 설명하다, 가르치다　court's charge 법원의 설명　jury trial 배심원 심리　hand down a decision 결정을 내리다　vérdict n/v. 평결/평결을 내리다　guilty adj. 유죄인　críminal case 형사사건　awárd of money as dámage 손해배상액　reach a vérdict 평결을 내리다　ínnocent adj. 무죄인, 결백한　as long as - ~하는 한　réasonable doubt 이유 있는 의심　deféndant n. 피고　strong majórity 절대다수　in minutes 금방　hang v. 보류하다　déadlock v. 보류하다, 정돈하다　try v. (사건을) 심리하다

1. 이 글에서 판사가 사건 심리 끝에 관련 법규를 배심원들에게 설명해 주는 것을 무엇이라고 하는지 다음에서 찾으시오.

　　① Becoming judges for the case　② The court's charge
　　③ The jury is said to be hung　　④ A reasonable doubt
　　⑤ Reaching a verdict

　　풀이 ① 사건에 심판이 되기 ② 법원의 설명 ③ 배심원이 보류됨 ④ 이유 있는 의심 ⑤ 평결 내리기
　　문제가 첫 단락에 그대로 설명되어 있다. 그 용어를 확인하면 된다.

 사형 Capital Punishment(= death penalty)

중대한 범죄를 저지른 사람을 죽이는 극형으로 이용되었으나, 오늘날은 거의 살인죄에만 적용되고 있다. 많은 사람들이 사형 제도가 잔인하고 비인도적이라고 생각하는 한편, 사형 제도를 찬성하는 사람들은 범죄 예방에 도움이 된다고 한다. 미국의 몇몇 주는 사형 제도를 폐지하였다. 다른 주들도 대체로 사형을 극히 제한하고 있다. 공식적으로 사형 제도를 폐지한 나라들도 있다. 1969년에 영국이, 1976년에는 캐나다가 사형 제도를 폐지하였다. 오늘날 미국에서 사용하는 가장 흔한 사형 방법은 사약(死藥)을 주사하는 방법이다.

Democracy 민주주의

Democracy is government by the many instead of by the few. It is based on the belief that all should have the same basic rights and freedoms and that people should be free to govern themselves. In a direct democracy the people decide questions by voting. However, direct democracy is practical only in small communities. Most democratic nations are representative democracies. In representative democracies the people elect public officials. The officials then act according to the people's wishes.

Democracy is a philosophy of government, not a form of government. The United States is a democracy with a republican form of government. A republic has an elected head of state, a president. England is also a democracy, but it is a monarchy as well. It has a king or queen—a hereditary ruler, or head of state. In both countries the representatives of the people are chosen in free election.

demócracy *n.* 민주주의 government *n.* 정치, 정부 diréct demócracy 직접 민주주의 vote *v.* 투표하다 représentative *adj.* 대표하는 *n.* 대표자 reprenséntative democracy 대의 민주주의 públic offícial 공직자 wish *n.* 바람, 의도 repúblican *adj.* 공화제의 repúblic *n.* 공화국 mónarchy *n.* 군주 국가 (*cf.* monarch *n.* 군주) heréditary *adj.* 세습적인 free election 자유 선거

1. Which of the following is <u>not</u> included in the substance of democracy?

① Democracy is a philosophy of government.
② Democracy is government by the many instead of by the few.
③ England is not a democracy, but it is a monarchy.
④ In a direct democracy the people decide questions by voting.
⑤ In representative democracies the people elect public officials.

풀이 ① 민주주의는 정치철학이다. ② 민주주의는 소수가 아닌 다수의 정치이다. ③ 영국은 민주제가 아니고 군주제이다. ④ 직접 민주주의에서 국민들은 투표로 문제들을 결정한다. ⑤ 대의 민주주의에서 국민들은 공직자들을 선출한다. 이 글 전편이 민주주의의 개념을 서술하고 있으므로, 한 문장씩 읽어 가면서 확인한다. 영국은 민주주의이기도 하면서, 군주제를 동시에 가지고 있다.

 국민투표

특정 사안에 대해 국민이 직접 투표에 참여함으로써 국민 의사를 결정하는 직접 민주제의 형식이다. '직접 투표'라고도 하는데, 국민 거부, 국민 표결, 국민 발안 등의 유형이 있다. 우리 나라는 헌법 개정안에 대한 확정과 대통령이 필요하다고 인정하는 중요한 국가 정책에 대해 국민투표에 부칠 수 있도록 하였다.

Democracy 민주주의

2 The rights and responsibilities that make up a democratic system are not unlimited, of course. Some restrictions are necessary. There are limits of fair play, of common sense, of safety. While people in a democracy are free, they may not injure the health or the good name of others.

Recognizing these necessary limits, let us examine the substance of democracy.

First of all, these are freedom of speech and the press. This means that all citizens have the right to speak their minds without fear of punishment. A person who cannot speak freely cannot think freely.

The term 'freedom of speech' includes freedom of _____ in forms of communication such as television, radio, and films. It extends to the arts— theater, dance, music, literature, painting.

The right of free speech, press, and thought includes the right to publish and read newspapers, magazines, and books. It includes the right to disagree, to take a different view from the popular, accepted one. In a democracy a citizen may express an opinion even though it is contrary to the opinion of others.

responsibílity *n.* 의무 unlímited *adj.* 무제한의 restríction *n.* 규제, 통제(= limit) ínjure *v.* 손상하다 good name 명예 récognize *v.* 인식하다 súbstance *n.* 내용, 실질 press *n.* 출판 púnishment *n.* 처벌 communicátion *n.* 통신 film *n.* 영화 contráry *adj.* 반대되는

1. What is the suitable word for the blank?

① medium ② publication
③ expression ④ thought
⑤ art

풀이 ① 미디어 ② 출판 ③ 표현 ④ 사상 ⑤ 예술

 **좌익**(Left wing)

보수 우익(Right wing)에 반대하여 과격한 견해를 소유한 정치 집단을 말한다. 프랑스혁명 후에 입법부의 보수 의원들이 의장의 오른쪽에 앉고, 좀더 자유분방한 의원들이 왼쪽에 앉은 데서 비롯된 말이다.

Disarmament 군축

The first approach—toward general and complete disarmament—gives little promise of quick success. Total disarmament means reducing armed forces and weapons step by step until there are none left. The differences between Americans and Soviets on getting total disarmament centered on three main issues. These issues were balance, inspection, and methods of keeping the peace during disarmament and afterward.

Balance means disarming in such a way that neither side ever gains a military advantage. The United States and the Soviet Union agreed that there ought to be balance. But in the past, each believed that the proposals made by the other side would give that side an advantage.

On the second point of disagreement—inspection—the United States said that inspection was needed so that each side could be sure the other was disarming. But the Soviets long claimed that inspection was necessary only after nations had completely disarmed.

Finally, there was the disagreement about keeping the peace during and after disarmament. The United States wanted a permanent organization to make sure that world peace and security would be protected as armed forces were reduced. The Soviet Union agreed with the idea of some international control of disarmament but disliked the idea of forming a permanent organization.

appróach *n.* 접근 disármament *n.* 군축 armed forces 병력 step by step 단계적으로 center *v.* 집중되다 inspection *n.* 사찰 disagréement *n.* 의견불일치 pérmanent *adj.* 항구적인, 영구적인 secúrity *n.* 안녕, 보안

1. Which statement is not true about the passage?

　① The first step to total disarmament gains little success.
　② Balance means disarmament in such a way that each side gains more advantage.
　③ Inspection was needed for each to make sure that the other was disarming.
　④ Americans are different from the Soviet Union in three issues.
　⑤ The Soviet Union disagree to form a permanent organization.

Disarmament 군축

풀이 ① 종합적 군축을 향한 첫발은 거의 성공하지 못했다.
② 균형이란 양쪽이 서로 좀 더 유리한 방식으로 군축함을 의미한다.
③ 사찰이란 각기 다른 편이 군축하고 있다는 확신을 갖도록 함에 필요하다.
④ 미국인들은 세 가지 문제에서 구소련과 다르다.
⑤ 구소련은 항구적인 조직을 만들자는 데에 동의하지 않는다.

 전략무기 감축 협상(Strategic Arms Reduction Talks, START)
　　1981년 미국 레이건 대통령이 발표한 '대소 군축 기본 방침'에서 제기된 '대소 전략무기 교섭 방침'을 가리키는 말이다. 종래의 '전략무기 제한 협상'(Strategic Arms Limitation Talks, SALT)에 비해 더욱 적극적인 교섭이라는 인상이 있다. 미국 측은 '대륙간탄도미사일'(Inter-continental ballistic missile, ICBM)과 잠수함발사탄도미사일(Submarine-launched ballistic missile, SLBM)의 탄두 수를 미·소 각 5천발로 하자고 제안하였다.

Elections 선거

From the time of the ancient Hebrews and Greeks, people have fought tyranny for the right to choose their own leaders. The early kings of Israel were chosen, as were the generals of the ancient Greek armies. Xenophon's famous march across Asia Minor in 401 B.C. began with his election as captain by a band of fearless Greek soldiers. The Greeks voted for their new leader while standing in the very shadow of the pursuing Persian hordes.

The Teutonic tribes of Northern Europe <u>elected</u> the bravest members as their leaders. This habit of freely choosing their leaders was brought to Britain by the Anglo-Saxon conquerors some 1,500 years ago. Thus, the right to vote for local officials became a part of English thinking and was brought to America by the early British colonists.

Hébrew *n.* 히브리인, 유태인 tyránny *n.* 폭정, 압제 Xenophon 크세노폰. 그리스의 철학자이자, 역사가이자 장군이었다. Asia Minor 소아시아 cáptain *n.* 장군, 대장 shádow *n.* 그림자 pursúe *v.* 추적하다 horde *n.* 무리, 떼 Teutónic tribe 튜튼족 cónqueror *n.* 정복자 lócal offícial 지방 공직자 English thinking 영국적 사고 cólonist *n.* 식민지 사람, 식민지 개척자

1. According to the passage, which is the correct chronological order of the peoples who brought the habit of freely choosing their leaders to Americans?

① Anglo-Saxon → Britain → Teuton → America
② Anglo-Saxon → Teuton → Britain → America
③ Britain → Anglo-Saxon → Teuton → America
④ Teuton → Anglo-Saxon → Britain → America
⑤ Teuton → Britain → Anglo-Saxon → America

2. The underlined word <u>elected</u> in the passage can be replaced by

① chose.
② gave.
③ limited.
④ provided.
⑤ voted.

theme 06 Elections 선거

풀이 1. 둘째 단락에 열거되어 있다. 민족을 나타내는 고유명사를 차례로 확인한다.
   2. ① 뽑았다 ② 주었다 ③ 제한했다 ④ 제공했다 ⑤ 투표했다

 민주적인 선거의 조건
① 투표 연령이 된 시민권자는 누구나 공직에 출마할 수 있다.
② 누구나 자유로운 투표를 간섭받지 않는다.
③ 투표는 정확하고 공정하게 개표되어야 한다.
④ 시민권을 가진 주민은 투표 연령이 되면 누구나 투표할 수 있다.

Elections 선거

2. The Constitution of the United States originally provided that the members of the House of Representatives would be elected by the people of each state—that is, the people who had the vote. In the early days of the Republic only about 120,000 people in a total population of more than 4,000,000 could vote. Each state had the right to restrict the vote. Voting was usually limited to free white men with certain property and religious qualifications. But by 1860 practically all the states allowed the vote to all white men over 21 years of age.

After the Civil War the 15th Amendment to the Constitution gave the vote to men of all races. Suffrage was not given to women in federal elections until 1920, when the 19th Amendment to the Constitution was ratified.

constitútion *n.* 헌법 oríginally *adv.* 원래, 본래 have the vote 투표권을 가지다 restríct *v.* 규제하다, 제한하다(= limit) próperty *n.* 재산 qualification *n.* 자격 allów *v.* 허용하다 améndment *n.* 수정, 개정 súffrage *n.* 선거권, 참정권 federal election 연방 선거 rátify *v.* 비준하다, 재가하다

1. When was the suffrage given to women in the United States?

　　① in 1776　　　　　　② in 1860
　　③ in 1920　　　　　　④ in 1960
　　⑤ in 1970

　　풀이 '여성'(women)과 '선거권'(suffrage)이라는 어휘를 찾아 그 문장을 읽어보면 정답을 알 수 있다.

 선거인단(Electoral Collegeo)

　　간접 선거제를 채택하는 미국에서 대통령 결선 투표에 참가하는 '대통령 선거인의 단체'를 말한다. 대통령 선거인은 4년마다 11월의 첫째 월요일의 다음 화요일에 주(州)마다 행해지는 투표에서 선출되는데, 그 주에서 1표라도 더 많이 얻은 정당이 그 주의 선거인 전부를 독점한다. 선거인 수는 각 주가 선출하는 연방 상·하 양원의 의원 총수와 같은 535명에 워싱턴이 3명을 추가한 숫자이다. 선거인단은 12월 둘째 수요일의 다음 월요일에 투표하는데, 과반수를 얻은 후보가 대통령에 당선된다.

theme 07 Emancipation Proclamation 노예해방선언

1 The Emancipation Proclamation was a turning point in the Civil War as well as a turning point in the history of the United States. During the last two years of the war, slaves left their masters by the thousands. Some 300,000 blacks joined the Union armies. In Europe, talk of supporting the Confederacy ended. Finally, on April 9, 1865, the Confederacy surrendered to the Union, ending the American Civil War.

On December 18, 1865, eight months after the war ended and President Lincoln was assassinated, the Thirteenth Amendment to the Constitution was ratified and slavery became illegal in the United States. Although Lincoln did not live to see his proclamation become law, he is remembered today as the Great Emancipator, the man who freed the slaves.

emancipátion *n.* 해방 emáncipator *n.* 해방가 (*cf.* emáncipate *v.* 해방시키다) proclamátion *n.* 선언 turning point 전환점 the Union (남북전쟁 당시) 북부 연방 the Confédreacy (남북전쟁 당시) 남부 동맹 surrénder *v.* 항복하다 asséssinate *v.* 살해하다 rátify *v.* 비준하다 illégal *adj.* 불법적인

1. Which of the following does the passage mainly discuss?

① Civil War
② Emancipation Proclamation
③ Great Emancipator
④ Lincoln's Assassination
⑤ The 13th Amendment to the Constitution

풀이 ① 남북전쟁 ② 노예해방선언 ③ 위대한 해방가 ④ 링컨의 암살 ⑤ 제13차 개정 헌법
주제어나 핵심어는 흔히 주제문인 첫 문장에 나온다.

블랙게토(black ghetto)
게토(ghetto)는 원래 이탈리아에 있었던 '유태인 강제 거주 지구'에서 나온 말이지만, 현재는 빈민가(슬럼slum)와 같은 뜻으로 쓰인다. '블랙게토'란 흑인 빈민가를 말하며 뉴욕의 할렘(Harlem)이 대표적이지만 대도시에 산재해 있다. 이 지역은 대부분의 가옥이 노후되었고, 실업자와 생활 보호자들이 많이 산다.

Government 정부

The governments that people establish for themselves can influence—and even change—their lives in many ways.

Governments decide such matters as what kinds of property should be publicly owned (that is, owned by the state in the name of the people) rather than privately owned and how much a person must pay in taxes. Governments can set educational requirements, place limits on immigration, and conscript (draft) citizens into military service. The availability of public libraries, museums, and other cultural institutions, hospitals, and parks is at least partly dependent on government.

estáblish v. 수립하다, 만들다 públicly adv. 공적으로 prívately adv. 사적으로 requírement n. 필수 요건, 필요 조건 place límits on - ~에 제한을 두다 cónscript v. 모병하다, 징집하다(= draft) mílitary sérvice 군복무 availabílity n. 이용도 be depéndent on - ~에 달려 있다

1. 이 글에 나오는 정부의 주요 권한이 아닌 것을 다음에서 찾으시오.

① Education　　　　　　② Immigration limitation
③ Medical service　　　　④ Military conscription
⑤ Taxation

풀이 ① 교육 ② 이민 제한 ③ 의료 ④ 징병 ⑤ 세금 부과
　　　둘째 단락의 첫 문장과 둘째 문장에 몇 가지가 나와 있다.

 1. 연합 국가

다수 국가의 집합에 의해 형성된 연방 조직의 국가로, '연방 국가'라고도 한다. 연방 국가만이 국제법상의 외교 능력을 갖는 단일의 주권 국가이며 구성국 간의 관계는 국내법으로 규정된다. 미합중국, 독립국가연합(러시아), 독일 연방공화국, 스위스 등이 연합 국가에 속한다.

2. 무정부주의(Anarchism)

모든 법률과 정부가 악(惡)이라는 정치 이론이다. 어원은 그리스어로 anarchia, 곧, 'without a ruler'라는 뜻이다. 본래 고대 그리스 시대부터 무정부주의자들이 있었으나, 현대 무정부주의는 프랑스인 사회주의자 프루동(Pierre Joseph Proudhon)과 관련이 많다. 그는 사람들이 법이 없는 작은 집단에서 자유로이 함께 일하며, 어떤 방법을 쓰든지 정부는 폐지되어야 한다고 믿었다. 일부 무정부주의자들은 폭력을 사용하여 정부를 전복하려 한다. 실제로 25대 미국 맥킨리(William McKinley) 대통령은 무정부주의자에게 암살되었다. 그러나 다른 무정부주의자들은 폭력에 반대한다. Anarchy(무정부상태)란 무법 상태이거나 정부의 권위가 없어서 생긴 무질서를 뜻한다.

theme 08 Government 정부

2. Because those who run the governments of the world have such great power, nothing is more important to citizens than the choice of able leaders, for human happiness depends to a considerable degree on the kind of laws that governments enact.

In earlier societies political power was often accompanied by superior force. Governments today are sometimes ruled by leaders who have taken power by force, but such leaders are considered to govern illegally. Legal governments are those to which the consent of the governed has been freely given, usually through elections. Elected leaders are expected to take into account the economic and social needs of the people as well as their customs and traditions.

When a government reflects these needs and traditions, the people tend to have faith in it and a willingness to abide by its laws. If not, they may vote their leaders out of office and elect new ones. In most modern nations there are able agreements or understandings between the government and the governed. One basic form of agreement is a constitution, which defines what a government can do and how it can do it. Constitutions may be written or unwritten, with unwritten constitutions usually based on a large body of established laws and custom.

---

able leader 유능한 지도자 to a (considerable) degree (상당한) 정도로 enáct v. 제정하다(= establish) accómpany v. 수반하다, 동반하다 supérior adj. 우월한, 우수한 force n. 힘, 무력 consént n. 동의, 합의 take into account 고려하다, 참작하다 refléct v. 반영하다 faith n. 신뢰 wíllingness n. 기꺼움 abide by 지키다, 준수하다 vote - out of - ~를 투표하여 ~에서 쫓아내다 óffice n. 공직, 직위 the góverned 피지배자들, 국민들 constitútion n. 헌법 define v. 규정하다

1. According to the passage, elected leaders are expected to take into account the following **except**

① The customs of the people.   ② The economic needs of the people.
③ The power of the people.   ④ The social needs of the people.
⑤ The traditions of the people.

풀이 ① 국민들의 관습 ② 국민들의 경제적 요구 ③ 국민들의 힘 ④ 국민들의 사회적 요구 ⑤ 국민들의 전통
둘째 단락에 문제의 '선출된 지도자들이 고려해야 할 것들'(Elected leaders are expected to take into account ...)이 서술되어 있다.

Guerrilla Warfare 게릴라전

Guerrilla warfare is fought by irregular troops—soldiers who are not sponsored by a recognized government. Guerrillas may be fighting the armies of a foreign enemy or they may be rebels in a civil war against the army of their own government. The tactics used in guerrilla warfare are as varied as the people who invent them and are usually determined by the local geography and available resources. Generally the guerrilla seeks to disrupt the enemy by attacking without warning and then withdrawing quickly before the enemy's regular army can react.

Because they are usually lacking in numbers, guerrillas rely on slyness, cunning, and the advantages of surprise. They try to attack an enemy's weak points and spread their own forces out over a large area to engage as many enemy troops as possible, usually on difficult terrain that only the guerrillas know well. It is also important for guerrillas to have allies within the local population, on whom they can depend to supply food, shelter, supplies, and most important information about the enemy's movements.

irrégular *adj.* 비정규적인 spónsor *v.* 지원하다 récognize *v.* 인정하다, 공인하다 rebél *n.* 반란군, 모반 táctics *n.* 전술, 계략 disrúpt *v.* 분열시키다, 혼란케 하다 attáck *v.* 공격하다 withdráw *v.* 물러나다, 후퇴하다 reáct *v.* 대응하다, 반응하다 lack *v.* 부족하다 slyness *n.* 은밀함 cúnning *n.* 교활함 engáge *v.* 교전하다, 전투하다 terráin *n.* 지형, 지역 álly *n.* 협력자, 동맹

1. Which of the following is <u>not</u> a correct statement about Guerrillas?

① They attack an enemy's weak points.
② They attack by surprise.
③ They have allies within the local population.
④ They are superior in numbers.
⑤ They use slyness and cunning.

풀이 ① 적의 약점을 공격한다, ② 기습적으로 공격한다, ③ 지역주민들 속에 협력자를 둔다, ④ 수적으로 우세하다, ⑤ 은밀함과 교활함을 이용한다.

 팔레스타인 해방기구(Palestine Liberation Organization, PLO)
1964년 카이로에서 열린 제1회 아랍 정상 회의 결의에 따라 예루살렘에서 결성된 팔레스타인·아랍인의 반 이스라엘 해방 조직이다. 헌법에 해당하는 '팔레스타인 민족헌장'은 팔레스타인의 무력 해방을 선언하고 있고, 아랍 제국의 재정 지원을 받아 65년부터 대담한 무력 항쟁을 전개해 왔다. 세계 100개국 이상에 대표부 또는 사무소를 설치하고 있으며 1974년에는 U.N.의 옵저버가 되었다. 입법 조직으로 '팔레스타인 국민회의', 군사 조직으로 '팔레스타인 해방군'(PLA), 팔레스타인 무장 투쟁 사령부'(PASC) 등 산하에 많은 해방 조직을 두고 있다. '야세르 아라파트'가 집행위원회 의장으로서 최고 지도자이다.

theme 10 Imperialism 제국주의

1 World War I (1914~18), to a large degree, resulted from the colonial rivalries among the major European imperial powers. The victors held onto their overseas colonies and took over those belonging to the defeated countries. Germany, one of those defeated countries, soon tried to regain and expand its empire.

During World War II (1939~45), under the Nazi dictatorship of Adolf Hitler, Germany occupied, for a short time, a vast empire that included the bulk of Europe. At the same time, Japan seized an enormous empire in Asia, including a large portion of China. But their empire-building ended in 1945, when both countries were defeated in the war.

After the war, Great Britain, France, the United States, and other nations with big overseas empires had found it difficult and unprofitable to hold onto their colonies by force. Furthermore, they had fought World War II against imperial dictatorships, in the name of freedom—and naturally their own colonies wanted freedom for themselves. Thus the great empires began breaking up, sometimes peaceably, sometimes by violent struggle.

to a (large) degree (큰) 정도로 resúlt from - ~에서 비롯되다 colónial rívalry 식민지 경쟁 impérial pówers 제국주의 국가들 víctor *n.* 승전국 hold onto 계속해서 보유하다 óverseas cólony 해외 식민지 take over 접수하다, 넘겨받다 regáin *v.* 재건하다 dictátorship *n.* 독재 óccupy *v.* 점령하다 for a short time 잠시 a bulk of - ~의 대부분 seize *v.* 소유하다, 잡다 enórmous *adj.* 거대한 pórtion *n.* 부분(= part) unprófitable *adj.* 무익한 by force 무력으로 in the name of - ~의 명분으로 break up 해체하다, 분열하다 víolent *adj.* 폭력적인 struggle *n.* 투쟁

1. Which of the following is the main topic of the passage?

① The Break Up of the Empires ② The Colonial Rivalries
③ The Causes World War II ④ The Imperial Dictatorships
⑤ The Results of World War I

풀이 ① 제국의 해체 ② 식민지 경쟁 ③ 제 2차 세계대전의 원인 ④ 제국주의 독재 ⑤ 제1차 세계대전의 결과
이 글의 주제이자 결론인 마지막 문장을 보면 주제인 핵심어들이 보인다.

영세중립국(Permanently Neutral States)
다른 나라의 전쟁에 중립을 지키는 대신, 자국 독립의 유지와 영토의 보전을 조약으로 영구히 보장받는 국가. 중립국은 평시에도 전쟁에 개입될 일은 금하며 다른 나라와 동맹을 맺거나 군사기지를 대여하지 못한다. 다만 자위를 위한 군사력은 가진다. 중립국은 세력 균형을 이룬 강대국들 사이에서 완충적 의미를 가진다. 현재 영세 중립국은 스위스와 오스트리아가 있다.

Imperialism 제국주의

In 1945, the United Nations, an international organization, was founded to promote peace among nations and help new countries develop their governments and economies. In Africa alone, more than forty countries emerged from imperial colonies. India became independent of Great Britain. The Philippines became independent of the United States. Even little islands in the Caribbean became self-governing. One by one, these new countries joined the United Nations, and it appeared that imperialism was dying out.

However, strong nations can impose their will on other countries without actually taking over their governments. In such cases, influence comes in the form of economic, and sometimes military, pressure. This form of domination is called neoimperialism.

promóte v. 증진시키다 emérge v. 부상하다, 떠오르다 impérial cólony 제국주의 식민지 become indepéndent of ― ~에서 독립하다 self-governing 자치의 one by one 하나씩 impóse ― on ― ~을 ~에 부과하다 take over 접수하다, 탈취하다 préssure n. 압력 dominátion n. 지배 neoimpérialism n. 신제국주의

1. Which of the following is the key word of the passage?

① domination   ② imperialism
③ neoimperialism   ④ self-governing
⑤ the United Nations

풀이 ① 지배 ② 제국주의 ③ 신제국주의 ④ 자치의 ⑤ 국제연합
이 글의 결론은 마지막 문장이다. 핵심어에 결론이 집약되어 있다.

 레닌이 본 제국주의의 경제적 특징

① 생산과 자본의 집중, 집적에 의한 독점의 형성
② 산업자본과 은행자본의 융합에 의한 금융자본의 성립
③ 상품 수출 대신 증가하는 자본 수출
④ 국제 카르텔에 의한 세계 시장의 분할
⑤ 열강에 의한 식민지 분할의 완료

레닌은 또 제국주의를 자본주의의 최후 독점 단계로 보고, 자본가계급과 노동자계급 사이, 제국주의 열강들 사이, 자본주의 열강과 식민지 국가 사이에 모순이 가장 격화되는 시점이라고 지적하면서, 이 모순은 사회주의로 극복하여야 한다고 하였다.

theme 11 International Law 국제법

1. The two main sources of international law are treaties and custom. Treaties (or conventions) are agreements signed by nations. They may be between two nations, as in a treaty to return criminals from one country to another; or among many nations, as in the charter that created the United Nations.

International custom includes rules that have developed through long usage. Rules protecting diplomats, for example, were long observed by nations, although they were not written into formal treaties until relatively recent times.

To a lesser extent, international law may also be derived from general principles of law, such as the right of a country to defend itself. Such basic principles of law become guidelines for the development of rules of international law. Other limited sources of international law include the decisions of national and international courts, and the writings of legal scholars. International organizations historically had little impact on international law. The United Nations has had greater influence than earlier organizations, but resolutions of its General Assembly are not considered binding by many nations. In some instances, nations may agree on decisions by courts based on the concept of 'fairness and justice.'

source *n.* 원천, 근본, 자원 treaty *n.* 조약, 협정(= convention, agreement) retúrn *v.* 돌려보내다 críminal *n.* 범죄인, 형사범 charter *n.* 헌장 United Nations 유엔, 국제연합 úsage *n.* 이용, 용도 díplomat *n.* 외교관·*cf.* diplómacy *n.* 외교) obsérve *v.* 준수하다, 지키다 to a (lesser) extént 어느(미약한) 정도로 be deríved from ~ ~에서 비롯되다 gúideline *n.* 지침 límited *adj.* 유한한, 한정된 légal scholar 법률학자 have an ímpact on ~ ~에 영향을 미치다 resolútion *n.* 결정 Géneral Assémbly (국제연합) 총회 binding *n.* 구속 concépt *n.* 개념 fáirness *n.* 공정성 jústice *n.* 정의

1. Which of the following is <u>not</u> included in the sources of international law?

① Civil suits ② Decisions of national or international courts
③ International custom ④ General principle of law
⑤ Writings of legal scholars

풀이 ① 민사 소송 ② 국가나 국제 재판소의 결정 ③ 국제 관례 ④ 법률의 일반 원칙 ⑤ 법률학자들의 글
이 글에 기술된 국제법의 원천은 5가지다. 첫 두 단락에 treaties와 custom이 있고, 셋째 단락에서 'To a lesser extent, Other limited sources …' 등의 표현을 단서로 살펴보면 원천들이 더 열거되어 있다.

 인터폴(Interpol)

'국제형사경찰기구'(International Criminal Police Organization, ICPO)를 통칭하여 '인터폴'(Interpol)이라고 한다. 각 가맹국의 경찰이 상호 주권을 존중하면서 국제 범죄의 방지와 진압에 협력하기 위해 발족되었다. 국제 범죄자나 국경을 넘어 도망친 형사범의 소재 수사, 정보 교환 등이 주된 일이고, 정치, 군사, 종교, 인종 문제 등에 관여하는 것은 엄금되고 있다. 국제법상의 협정이 아니므로 강제 수사권이나 체포권은 없다. 한국도 1964년에 가입하였다.

International Law 국제법

2. The threat of penalties, however, is far outweighed by the idea of mutual benefit in leading countries to obey the rules of international law. International law developed, after all, because countries found it to be in their best interests to agree on certain rules to govern their relations with each other.

Rules on private property, for example, are intended to protect people from having their property in another country taken away without just compensation. Rules on the law of the sea and of airspace allow ships and airplanes to travel the world in an orderly fashion. Prohibitions against the illegal use of force not only protect small nations from large nations, but also help to keep large nations from conflicts with each other.

A last, but especially important, mutual benefit is predictability. The rules of international law permit a country to know what to expect in its relations with other countries. It is the unexpected that has often led to conflicts among nations.

threat *n.* 위협 pénalty *n.* 처벌 outwéigh *v.* ~보다 무겁다, 비중이 크다 mútual *adj.* 상호의 obéy *v.* 준수하다 príváte próperty 사유재산 be inténded to do ~할 의도이다 take away 빼앗다 compensation *n.* 보상, 배상 in an órderly fáshion 질서 있게 prohibítion *n.* 금지 conflíct *n.* 충돌, 전쟁 predictabílity *n.* 기대치, 예상치(= what to expect) the unexpécted 기대하지 못한 일, 뜻밖의 일

1. This passage mainly discusses

① international law.   ② mutual benefit.
③ predictability.   ④ private property.
⑤ threat of penalties.

2. The underlined word predictability in the passage could be replaced by

① how to do.   ② how to speak.
③ what to expect.   ④ what to do.
⑤ where to go.

Theme 11 International Law 국제법

풀이 1. ① 국제법 ② 오해 ③ 기대치 ④ 사유재산 ⑤ 처벌의 위협
   첫 단락의 첫 문장에 주제어로 나와 있으며, 글 전체가 그것을 설명하고 있다.
2. 기대치 ① 어떻게 할 것인가 ② 어떻게 말 할 것인가 ③ 예상되는 것 ④ 할 것 ⑤ 갈 곳

아일랜드 공화국군(Irish Republican Army, IRA)
 북 아일랜드의 카톨릭계 과격파 무장 조직. 북 아일랜드에서 다수를 차지하는 개신교 주민이 선거권, 취업의 기회, 주택 정책 등에서 카톨릭계를 차별해 온 것에 무력으로 대항하고자 조직되었다. 카톨릭계가 절대 다수를 차지하는 아일랜드 공화국과의 합병을 최종 목표로 하며 아일랜드 내에 본거지가 있는 것으로 알려졌다. 63년부터 테러 활동을 본격화하여 최근까지 유혈 사태가 계속되었다. 98년에 영국의 노동당 정부와 평화 협정을 맺었으나 테러는 계속되고 있다.

International Law 국제법

11 theme

Each country draws up its own foreign policy — the general course it tries to follow in dealing with other nations. A country's foreign policy is designed to protect its security and advance its interests. This policy may be influenced by history, tradition, and public opinion — and by the power the country has to carry out its aims.

Even if countries try to get along, they are bound to differ on some of their foreign policy goals. When these differences become serious, countries usually try to settle them by peaceful means. But they may go to war to achieve their goals if peaceful negotiations fail. Thus a main task of those involved in international relations is to avoid conflict by building peaceful relations among nations. This is the function of diplomats and other foreign policy experts of government.

draw up 입안하다, 작성하다 fóreign pólicy 외교정책 géneral course 일반 방침 deal with − ∼을 다루다, 협상하다 be designed to do ∼하기로 만들어지다 secúrity n. 보안 carry out 실행하다 get along 잘 지내다 be bound to − ∼에 구속되다, 따르다 goal n. 목표(= aim) settle v. 해결하다, 풀다 means (pl.) 수단 achíeve v. 성취하다 negotiátion n. 협상 task of those 외교정책의 임무 internátional relátion 국제 관계 avóid v. 회피하다

1. Which of the following may <u>not</u> influence a country's foreign policy?

① history   ② negotiation
③ power   ④ public opinion
⑤ tradition

풀이 ① 역사 ② 협상 ③ 힘 ④ 여론 ⑤ 전통
첫 단락의 마지막 문장에 나와 있다. '외교정책에 영향을 주는'(This policy may be influenced by …) 표현을 찾으면 된다.

 해양 협정에 관한 법률(Law of the Sea Treaty)

해양의 이용에 관한 조약으로, 최종안이 1982년 U.N.에서 통과되었다. 이 협정에 따르면, 각국의 영해는 해안에서 12해리(nautical miles, 1해리=1852m), 어로 수역은 200해리, 경제수역은 350해리로 규정하고 있다. 유엔 총회에서 130개국이 찬성하였는데, 구 소련과 유럽 국가들은 기권하였고, 미국과 몇 나라들이 조약에 반대하였다. 곧, 서명 국가 2/3의 찬성으로 수정이 될 것으로 보인다.

Law and Law Enforcement 법률과 법 집행

1 Philosophers once believed that in prehistoric times people lived without laws in a '_____.' People were free to do as they pleased unless someone stronger stopped them by force. As a result, life became so dangerous and unsafe that leaders had to create laws to protect life and property.

This is no longer believed to be true. Scholars now think that as soon as people began living in small groups, they worked out rules for getting along with one another. In times everyone accepted and supported the rules. Manners, customs, and beliefs controlled the living habits and behavior of the group. Such rules and habits of life are called folkways.

Folkways are probably the real beginnings of human laws, as well as of religion, morals, and education. These people believed that folkways were revealed to them by their gods. This gave these rules a religious meaning, which made it very dangerous to break them. If a folkway was broken or violated, the violator had committed both a crime and a sin and might be punished by the gods. Over a period of many years, folkways gradually improved, and the groups with the best folkways survived.

prehistoric *adj.* 선사의, 역사 이전의 state of nature 자연의 국가 by force 힘으로 as s result 결과적으로 work out 만들어 내다 get along 잘 지내다 accépt *v.* 받아들이다 mánners (*pl.*) 풍속 fólkway *n.* 민속 móral *n.* 도덕 revéal *v.* 드러내다, 보여주다 víolate *v.* 범하다, 방해하다 víolator *n.* 범행자, 방해자 commít *v.* 실행하다, 저지르다 crime *n.* 범행 sin *n.* 죄 impróve *v.* 개선하다, 향상시키다 survíve *v.* 살아남다

1. Which of the following is <u>not</u> included in folkways?

① beliefs ② customs
③ education ④ manners
⑤ rules

2. What is the suitable expression for the blank?

① law company ② law system
③ state of nature ④ structure of country
⑤ style of music

풀이 1. ① 신념 ② 관습 ③ 교육 ④ 풍속 ⑤ 규율
둘째 단락에 'folkways'라는 어휘가 처음 등장한다. 개념을 확인할 것.
2. ① 법률회사 ② 법체계 ③ 자연의 국가 ④ 국가체제 ⑤ 음악의 양식

Law and Law Enforcement 법률과 법 집행

 국제사면위원회(Amnesty International, AI)
해당 국가의 사회 체제에 관계없이 그 정부에 서신 등을 보내, ① 정치, 종교, 이데올로기적인 신념이나 견해 때문에 체포, 투옥된 정치범의 석방 ② 공정한 재판과 옥중의 처우 개선 ③ 고문과 사형의 폐지 등을 요구하는 등 인권 운동을 한다. 수만 명의 정치범을 석방시켰고, 그 공로로 1977년에는 노벨 평화상을 수상하였다. 본부는 런던에 있고, 전세계 거의 모든 나라에 회원이 있다.

theme 12 Law and Law Enforcement 법률과 법 집행

2 Law enforcement has four steps: arrest of the suspect; decision about the suspect's guilt or innocence; sentencing, if the suspect is found guilty; and execution of the sentence, or punishment. Primitive tribes seized a suspect when someone made a complaint or when the suspect was caught in a criminal act. They settled the question of guilt or innocence quickly. Sometimes they used torture, but more commonly there were trials by battle or duel. Duels were fights between the accused and the injured or their representative. The winner was thought to be innocent, since people believed the gods would help the innocent.

enfórcement *n.* 시행, 집행, 강제 arrést *n/v.* 체포/하다 the suspéct 피의자, 혐의자 guilt *n.* 유죄 ínnocence *n.* 결백, 순수 séntence *v.* 선고하다 execútion *n.* 처형, 집행 púnishment *n.* 처벌 prímitive *adj.* 원시의 tribe *n.* 부족 seize *v.* 체포하다 make a compláint 불평을 말하다, 고소하다 críminal act 범죄 행위 trial *n.* 재판, 심리 duel *n.* 결투 the ínjured 피해자 represéntative *n.* 대표자 the ínnocent 결백한 자

1. Which of the following is <u>not</u> stated in the passage as the steps of law enforcement?

① arrest ② decision
③ duel   ④ execution
⑤ sentence

풀이 ① 체포 ② 판단 ③ 결투 ④ 처형 ⑤ 선고
    이 글 첫 머리에 주제로 나와 있다. 하나씩 확인 할 것

보석(保釋, release on bail)

일정한 금액의 보증금을 받고 법원이 구속중인 피고인을 석방하는 제도. 도주하거나 어떤 위반 사유가 있을 때는 보석금을 몰수하게 된다. 보석으로 석방되어도 구속영장의 효력은 그대로 존속되고, 다만 그 집행이 정지된다는 점에서 구속의 취소와는 다르다. 또 일정한 보증금을 조건으로 하므로 단순한 구속 집행 정지와도 다르다. 보증금은 범죄의 정상, 성질, 증거 확보 및 피고인의 출석 보증에 충분한 액수를 정한다. 보증금의 납부자는 제3자라도 무방하다. 보석을 허가할 때는 주거제한 등의 조건이 붙기도 한다.

Missiles 미사일

Any one missile is used for only a relatively short period of time. Improvements in propulsion, guidance and control, structure, and warheads are made so fast that one type of missile is replaced by a better one in a very few years.

Improvements in missiles have brought us the frightening vision of death and destruction. It is now possible to send thousands of powerful nuclear warheads from one continent to another. Many people have begun to realize that most of the life on earth could be killed just by pushing the launching buttons of the U.S. and Soviet ballistic missiles. With this in mind, leaders of the nations possessing the most dangerous weapons have signed agreements that limit the number of nuclear-armed missiles each can have. The goal has been to make certain that no nation has more nuclear weapons than any other. So far, this equalization of nuclear weapons has kept nations from using them.

People now find themselves trapped and their way of life threatened by the nuclear weapons they have made. The weapons remain only a threat— so far. But as missiles are improved, it will be necessary to conclude new agreements, keeping the threat so nearly equal for all that the deadly buttons capable of igniting nuclear destruction will never be pushed.

rélatively *adv.* 비교적 imprόvement *n.* (성능)향상 propúlsion *n.* 추진 gúidance *n.* 유도, 안내 contrόl *n.* 관제 wárhead *n.* 탄두 repláce *v.* 대체하다, 교체하다 fríghtening *adj.* 무서운, 끔찍한 cóntinent *n.* 대륙 posséss *v.* 보유하다 núclear-armed 핵을 장착한 make certain 분명히 하다 so far 지금까지 equalizátion *n.* 균형 trap *v.* 가두다, 잡히다 conclúde *v.* 이끌어 내다 deadly *adj.* 치명적인 cápable of ~ ~을 할 수 있는 ígnite *v.* 불을 붙이다

1. What is the best title for the passage?

   ① The equalization of nuclear weapons   ② The goal of the agreement
   ③ The vision of death and destruction   ④ Improvements in missiles
   ⑤ The U.S. and Soviet ballistic missiles

   풀이 ① 핵무기의 균형 ② 협정의 목표 ③ 죽음과 파괴의 환상 ④ 미사일의 성능 향상 ⑤ 미국과 소련의 탄도미사일
   이 글의 결론이자 주제인 마지막 문장의 핵심어들로 제목을 만들 수 있다.

theme 13 Missiles 미사일

 미사일의 종류

① SSM (Surface-to-surface missiles 지대지 미사일)
  : ICBM (Inter-continental ballistic missiles 대륙간 탄도 미사일)
② SAM (Surface-to-air missiles 지대공 미사일) : Hawk(호크), Patriot(패트리어트)
③ AAM (Air-to-air missiles 공대공 미사일)
④ ASM (Air-to-surface missiles 공대지 미사일)
⑤ SLM (Submarine-launched missiles 잠수함발사 미사일) *cf.* Cruise missiles (순항 미사일)

Municipal Government 자치 정부

A municipality is a specific area that usually has authority over its own government. Municipal government, therefore, refers to government in municipalities, such as cities, towns, and counties. It is sometimes called local government because it serves a limited range of people.

Units of local government in the United States include counties, towns, villages, cities, school districts, and special districts. Some units are more characteristic of certain regions of the United States—for example, towns in New England and counties in the South. The various states have different rules under which a unit of local government may be established.

Citizens of all ages support their local government through the payment of various taxes and fees. In return, local government provides road maintenance, schools, sewers, water, fire and police protection, and other services as required by its citizens.

---

municipálity *n.* 자치구, 자치 제도 munícipal *adj.* 자치의 specífic *adj.* 특정의 authórity *n.* 주권, 권위 county *n.* 카운티, 미국의 지방행정 단위. 주(state) 바로 아래의 행정 단위 school dístrict 학교 지역 estáblish *v.* 설립하다 fee *n.* 요금, 공과금 in return 교대로, 차례로 máintenance *n.* 보수, 유지 séwer *n.* 하수도 requíre *v.* 요구하다

1. Which of the following is not included in the units of the U. S. local government?

  ① counties   ② school districts
  ③ special districts ② streets
  ⑤ villages

  풀이 ① 카운티 ② 학교 구역 ③ 특별 구역 ④ 스트리트 ⑤ 빌리지
    미국의 자치 정부 단위들은 둘째 단락에 첫 문장부터 바로 열거되어 있다.

 **지방자치**

  일정한 기초 지역이 국가로부터 어느 정도 독립된 지방 자치단체로 설립되어, 그 지역의 사무를 지역 주민의 자치로 처리하는 행정 체제를 말한다. 민주주의의 학교라고 하는 지방자치는 역사적으로 앵글로 색슨계국가들은 '주민 자치'를 중심으로, 유럽의 대륙계 국가들은 '자치단체'를 중심으로 발전해 왔다. 현대의 지방자치는 이 두가지 원칙 위에서 시행되고 있다. 우리 나라는 5.16 쿠데타 정권인 3공화국부터 시행이 보류되어 오다가 1990년대 김영삼 정부 들어서 30여 년만에 전면적으로 다시 실시되었다.

theme 14 Municipal Government 자치 정부

2. In the United States and most of the major Western nations, many people choose to live in or near cities. But as the populations of these cities grow, municipal and local governments need more money with which to operate and provide services.

In many Western countries, even democratic representation in national parliaments and legislatures has become a problem. Populations have shifted, and areas that have many representatives in national government now have small populations. _____, some areas with large populations now have relatively small representation.

It is especially important that these and other problems be solved, for municipal government is the form of government that affects the everyday lives of most people.

óperate v. 운영하다 representátion n. 대표, 대의원, 의원 선출 nátional párliament 국회 législature n. 입법부 shift v. 이동하다, 변하다 on the other hand 한편, 반면에

1. Which of the following is the best title for the passage?

① Democratic Representation
② The Forms of Government
③ The Growing Populations of Cities
④ The Municipal Government
⑤ Problems of Municipal Government

2. What is the suitable phrase for the blank?

① As to   ② For example
③ More over   ④ On the other hand
⑤ Then

풀이 1. ① 민주적인 대의원 선출 ② 정부의 형태 ③ 도시의 증가하는 인구 ④ 자치 정부 ⑤ 자치 정부의 문제들
마지막 단락이 결론 문장이다. 그 곳에서 주제와 핵심어를 찾을 수 있다.
2. 빈칸 뒤의 문장이 앞 문장 내용과는 반대로 전환되고 있다.

 정체(政體)란?

통치권의 행사 방법을 기준으로 한 국가 형태의 분류. 주권의 소재를 기준으로 한 국체(國體)와 대비되는 말이다. 주요한 것으로는 민주제와 독재제, 단일제와 연방제, 입헌제와 비입헌제를 들 수 있다. 우리 나라의 헌법은 민주 정체를 채택하고 있다.

OPEC 석유수출국기구

During the 1960's, OPEC had almost no influence on petroleum prices because demand for oil was much lower than the supply. In the early 1970's, however, demand for oil grew rapidly. At the same time, production in the traditional oil-producing countries, such as the United States, leveled off. The OPEC nations were thus able to negotiate increased prices with the international oil companies. Between 1970 and 1973, the average cost of OPEC oil was increased from $1.80 to $3.01 a barrel. (A barrel containing 42 gallons is the standard measurement.)

During the 1973 Arab-Israeli war, the Organization of Arab Petroleum Exporting Countries (OAPEC), a separate group, refused to sell oil to the United States and other nations friendly to Israel. In the world oil crisis that followed, prices increased nearly four times by 1974. The ability of the international oil companies to control prices was destroyed. By the end of 1980, the minimum price per barrel for OPEC oil had reached $32.

petróleum *n.* 석유 demánd *n.* 수요 supply *n.* 공급 production *n.* 생산 level off 한결같이 하다, 똑같이 하다 negótiate *v.* 협상하다 incréase *v.* 인상하다 séparate *adj.* 별개의, 다른 refúse *v.* 거절하다 óil crísis 석유 위기 mínimum *adj.* 최소한

1. 이 글을 읽고 1973년과 1989년 OPEC의 석유 가격 차는 몇 배인지 다음에서 고르시오.

① 2배 ② 4배
③ 5배 ④ 10배
⑤ 20배

풀이 첫 단락의 마지막 문장에 1973년 3.01달러였던 것이 둘째 단락 마지막 문장에 1980년대 말에 32달러로 올랐다.

 석유수출국기구(Organization of Petroleum Exporting Countries)의 **12국가**
Venezuela, Iran, Iraq, Kuwait, Saudi Arabia, Qatar, Indonesia, Libya, Algeria, Nigeria, the United Arab, Emirates

theme 16 Peace Corps 미국의 평화봉사단

1 In the early days most volunteers were teachers who staffed classrooms around the world. Today volunteers are also asked to help a country improve its health care, food production, or water supply, especially in rural areas.

Some volunteers come to the Peace Corps already trained in such fields as nursing, forestry, and agriculture. But most volunteers are trained by the Peace Corps. Host countries explain what they need, and volunteers are trained to do a specific job.

No matter what their jobs, all volunteers are still involved in teaching, although they are no longer mainly in classrooms. Their aim is to work themselves out of a job by training local people to take their place.

Volunteers for the Peace Corps are selected on merit. Candidates must first fill out a questionnaire. Those who have the needed skills are invited to train for a project in a certain country. They may accept or refuse the invitation, state a preference for another country, or ask to be invited for another project at a later date.

Volunteers must be dedicated to their jobs—whether they are teaching in a school, helping to improve local farming methods, working in a hospital, or surveying for mineral resources. They must be prepared to work hard, and they must always show understanding. Peace Corps members are a kind of ambassador for their country.

volunteer *n.* 지원자 staff *v.* 근무하다, 일하다 rural area 시골 Peace Corps 미국평화봉사단 nursing *n.* 간호 forestry *n.* 산림 host country 주최국, 초청국가 work oneself out of - ~으로부터 자아를 성취하다 take one's place ~의 지역을 일으켜세우다 select *v.* 선발하다 on merit 실력으로, 평가를 해서 candidate *n.* 후보자 fill out 작성하다 questionnaire *n.* 질문서, 설문 state *v.* 말하다 dedicate *v.* 헌신하다 survey *v.* 조사하다 mineral resource 광물 자원 ambassador *n.* 대사

1. According to the passage, which of the following is <u>not</u> mentioned as the attitudes of Peace Corps members?

① They are a kind of ambassador for their country.
② They must be dedicated to their jobs.
③ They must be prepared to work hard.
④ They must be excellent teachers in their fields.
⑤ They must always show understanding.

Peace Corps 미국의 평화봉사단

풀이 ① 조국을 위한 일종의 대사이다. ② 자신의 일에 헌신해야 한다. ③ 열심히 일할 준비를 해야 한다. ④ 자신의 분야에서 우수한 교사여야 한다.
마지막 단락에 평화봉사 단원들의 자세가 기술되어 있다.

 평화봉사단의 창설

세계의 평화와 우정, 이해를 증진하기 위해 1961년에 케네디 대통령이 창설하였다. 이후 단원들은 세계 많은 나라에서 영어 강의, 의료 봉사, 농사 지도 등 많은 일을 하였다. 지원자는 미국 시민이어야 하고, 만 18세 이상이 되어야 한다. 60세 이상인 사람도 많다. 봉사 기간은 교육 기간을 제외하고 2년이다.

theme 17 Police 경찰

1 Uniformed police officers are a visible part of every community. Popular television programs portray police officers using weapons to prevent crime and protect the public. However, while enforcing the law and protecting people's lives and property are the main responsibilities of police, only about 15 percent of their time is devoted to the kinds of activities shown on television. The remaining 85 percent is devoted to more routine services to the community, which over the years have become police duties. These include responding to emergencies, settling disputes, regulating traffic, taking care of sick and injured people, and responding to complaints. The police are on duty seven days a week, 24 hours a day, to provide these services.

úniformed políce 제복 입은 경찰 vísible part 눈에 띄는 부분 portráy v. 묘사하다 enfórcing the law 법 집행 be devóted to - ~에 쓰여지다, 바쳐지다 routíne adj. 일상적인, 판에 박힌 respónd to - ~에 대응하다, 처리하다 emérgency n. 긴급 상황, 위급 상황 settle dispúte 분쟁을 해결하다 régulate tráffic 교통을 정리하다 take care of - ~을 돌보다 ínjured people 부상자 compláint n. 불만, 민원 be on duty 근무하다

1. Which of the following is the best title for the passage?

　　　① Emergency Call　　　② Law Enforcement
　　　③ Police Duties　　　④ Popular Television Programs
　　　⑤ Uniformed Police Officers

풀이　① 긴급 상황 전화　② 법 집행　③ 경찰의 임무　④ 텔레비전 인기 프로　⑤ 제복 입은 경찰관
　　　이 글은 경찰의 임무를 설명하고 있다. responsibilities of police, police duties 등의 표현이 같이 등장하고 있다.

경찰의 3대 임무

① Patrol operations(순찰 활동)
② Crime detection(범죄 추적)
③ Traffic control(교통 관리)

Political Parties 정당

18 theme

    A political party is a group organized to support certain policies on questions of public interest. The aim of a political party is to elect officials who will try to carry out the party's policies. The questions may range from issues of peace, war, and taxes to how people should earn a living. A large political party usually has millions of members and supporters. When people in a democracy disagree about what the government should do, each voter expresses his opinion by voting for the candidate that supports his side of the argument.

political party 정당 pólicy *n.* 정책 públic ínterest 공공의 이익 offícial *n.* 공직자 carry out 수행하다, 실행하다 range from ~ to ~ ~에서 ~에 이르기까지 (범위가) 다양하다 earn a living 생계비를 벌다 suppórter *n.* 지지자 opínion *n.* 의견, 견해 vote for ~ ~에게 (찬성) 투표하다 árgument *n.* 논쟁

1. According to the passage, which is the right way that each voter expresses his opinion?

    ① demonstration   ② group
    ③ tax   ④ vote
    ⑤ war

    풀이 ① 시위 ② 집단 ③ 세금 ④ 투표 ⑤ 전쟁
          마지막 문장에 기술되어 있다.

 오늘날 영국과 미국의 정당 명칭

    ① 영국 : The Conservatives 보수당 (= The Tories 토리당), The Labor Party 노동당
    ② 미국 : The Republican Party 공화당, The Democratic Party 민주당

theme 19 Prisons 교도소

1 A prison is a place of confinement. People who commit crimes are removed from society and placed in prisons as punishment for their offenses. There are many different types of institutions that hold people accused of a crime: jails, detention centers, work camps, police lockups, and federal and state prisons. But only convicted criminals who have been sentenced to a year or more are imprisoned.

In the United States today there are more than half a million adults and children under the age of 18 serving time in prison. Most prisoners are male high-school dropouts between the ages of 18 and 29. Most of them have committed violent crimes against other people (such as murder or assault with a deadly weapon), property crimes (such as theft or burglary), or 'white collar' crimes (such as tax evasion or embezzlement). Less than 5 percent of the convicted criminals in the United States are women.

príson n. 교도소 confínement n. 구금, 감금, 유폐 commít crime 범죄를 저지르다 remóve from - ~에서 격리시키다 offénse n. 범법 institútion n. 기관 accúse of - ~로 기소하다 jail n. 교도소 deténtion center 구치소 work camp 징역 캠프 políce lóckup 경찰서 유치장 féderal príson 연방 교도소 state prison 주 교도소 convíct v. 유죄를 입증하다 convícted críminal 기결수 séntence v. 선고하다 imprison v. 수감시키다 serve time 형기를 복역하다 drópout 중퇴자, 탈락자 víolent crime 강력 범죄 assáult v. 공격하다 próperty crime 재산범죄 theft n. 절도 búrglary n. 강도 evásion n. 누락, 탈락 tax evasion 탈세 embézzlement n. 횡령, 착복

1. Which of the following is <u>not</u> the institution that hold criminals?

① detention centers   ② jails
③ law sehail   ④ police lockups
⑤ work camps

풀이 ① 구치소 ② 교도소 ③ 법과 대학원 ④ 경찰서 유치장 ⑤ 징역 캠프
첫 단락에 미국의 범법자 구금 장소들이 여러 가지 열거되어 있다.

 여성과 미성년자들을 위한 교도소

1873년에 인디애나 주에서 처음으로 여성들을 따로 분리하여 수감하는 교도소를 세운 미국은 오늘날 여성 수형자을 위한 교도소를 따로 운영하고 있다. 미성년 수형자들은 Reform School 감화원(소년원)이라고 하는 Training School에서 따로 감화 교육을 받고 있다.

Socialism 사회주의

Socialism is an economic theory that favors public or government ownership of some or all of the means of production. This is in contrast with the belief in the ownership of production by private individuals.

There are many types of socialism. They vary in the amount of public ownership desired and in their methods of operation. In some countries, the government controls all forms of production. In others, state control over the economy is less complete, usually involving ownership of banks, transportation, and public utilities. Socialism thus takes many forms, economically. Politically, it may also vary, from totalitarian to democratic forms of government.

sócialism *n.* 사회주의 fávor *v.* 찬성하는, 호의를 보이는 ównership *n.* 소유 means (*pl.*) 수단 be in cóntrast with — ~와는 대조적인 operátion *n.* 운용 state control 국가 관리 compléte *adj.* 완벽한 invólving ~을 포함하여 transportátion *n.* 교통 public utílity 공익 기업 totalitárian *adj.* 전체주의의

1. Which of the following does the passage mainly discuss?

① The Amount of Public Ownership
② The Concept and Types of Socialism
③ The Democratic Forms of Government
④ The Economic Theory of Socialism
⑤ The Ownership of the Means of Production

풀이 ① 공공 소유의 정도 ② 사회주의의 개념과 형태 ③ 민주주의 정부 형태 ④ 사회주의 경제 이론 ⑤ 생산 수단의 소유
이 글은 사회주의를 설명하고 있다. 첫 단락은 그 개념을, 둘째 단락은 형태를 서술하고 있다.

사회주의의 발생

산업 혁명이 유럽에 전개되던 1800년대에는 공장 제도가 널리 도입되었다. 저임금에 장시간의 노동 착취, 심지어 어린이들까지 노동에 착취되는 등 매우 열악한 노동조건이 당시 공장 체제의 일반적인 모습이었다. 그러나 부당한 노동 환경을 막을 법률은 없었고, 공장의 소유자(자본가)들은 더욱 부유해졌다. 이때 이런 열악한 노동조건의 부당함을 느끼고, 노동자들이 공장을 공장 소유자들과 공유해야 한다고 생각한 사람들이 있었다. Robert Owen, Francois Marie Charles Fourier, Comte de Saint-Simon 등이 그들로서 '이상적 사회주의자(Utopian Socialists)라고 불렸다.

theme 20 Socialism 사회주의

2 As the use of these terms has developed, 'socialism' has come to have a more general meaning. The public ownership of property advocated by socialists today can vary widely, from cooperative enterprises to complete control of the economy by national governments. Socialist governments or parties may be democratic or may favor a system of rule by a single political party. Socialist governments in democratic countries generally prefer public ownership of only selected key elements of the economy—banks, transportation, and energy industries, for example. Some Socialist parties are strongly opposed to Communism.

'Communism' usually refers to the program of the Communist parties. This program is characterized by Communist party control over all political and social activity in a country and by central planning of its economy. Communists believed that their system would spread to all countries, and they supported Communist revolutions when the opportunity arose. Communists also use the term 'socialism' to describe that _____ stage of development, before societies can achieve the long-term goal of Communism. This goal of the ideal Communist state can come about only when societies are productive enough to satisfy all human needs on a basis of equality.

term *n.* 용어 ádvocate *v.* 옹호하다 coóperative *adj.* 조합형의, 협동조합의, 협동하는 énterprise *n.* 기업 nátional góvernment 중앙 정부 single political party 유일 정당 selécted key élements 선별적 핵심 요소 oppóse to – ~에 반대하다 cómmunism *n.* 공산주의 be cháracterized by – ~로 특징지어지다 central planning 중앙에서 계획하는 intermédiate *adj.* 중간의 come about 실현되다 sátisfy *v.* 만족시키다 on a basis of – ~을 기반으로, 기반 위에

1. What is the best topic of the passage?

① The Complete Control of the Economy
② The Differences between Socialism and Communism
③ The Goal of the Ideal Communist State
④ The Public Ownership of Property
⑤ The Socialist and Communist Governments

2. What is the suitable word for the blank?

① first
② second
③ the other
④ intermediate
⑤ final

Socialism 사회주의

풀이 1. ① 완전한 통제 경제 ② 사회주의와 공산주의의 차이 ③ 이상적 공산주의 국가의 목표 ④ 재산의 공공 소유 ⑤ 사회주의와 공산주의 정부
첫 단락은 사회주의, 둘째 단락은 공산주의를 설명하고 있다.
2. 내용으로 보면 '중간' 단계에 해당한다.

 사회주의 인터내셔널(Socialist International)
사회민주주의를 지향하는 정당들의 국제 조직이다. 2차 세계대전 때 히틀러에게 탄압받은 서구 사회주의자들이 1947년에 설립한 '국제 사회주의 회의'를 모체로, 유럽의 정당들이 중심이 되어 1951년 프랑크푸르트에서 결성 되었다. 모든 형태의 독재를 배제하며 의회 민주주의를 통해 사회주의를 실현하는 것을 기치로 삼고 있다.

theme 21 Spies 간첩

1 Modern spying is highly technical and makes use of all forms of sophisticated equipment. Electronic eavesdropping, or bugging, devices are used to overhear conversations and telephone calls. Microfilm, microdots, and secret codes are used to record and distribute information discreetly. Specially designed aircraft and satellites are deployed to gather vital information about military installations and troop movements.

Industrial espionage has become commonplace in recent years. These days, a single trade secret can be worth millions of dollars, so some large companies have employed spies to keep them informed about their competitors' new products and technical developments. Also, to protect their own interests, many companies have had to employ security forces to make sure they themselves are not being spied on.

sophísticated *adj.* 복잡한 equípment *n.* 장비 éavesdrop *v.* 엿듣다, 도청하다 *n.* 낙숫물 bug *v.* (마이크로) 도청하다 devíce *n.* 장치 óverhear *v.* 엿듣다 mícrodot *n.* 마이크로도트, 점 크기로 작게 만든 사진 sécret code 암호 distríbute *v.* 배포하다 discréetly *adv.* 은밀하게, 신중하게 deplóy *v.* 배치하다, 전개하다 gather *v.* 수집하다 vítal *adj.* 생생한 installátion *n.* 주둔 시설, 기지 troop *n.* 부대 éspionage *n.* 스파이 활동(= spying) cómmonplace *adj.* 흔한 trade secret 무역 기밀 infórm *v.* 알려주다 compétitor *n.* 경쟁자 ínterest *n.* 이익 secúrity force 보안팀 be spied on 스파이 당하다

1. Which of the following is the main topic of the passage?

① Forms of Spying   ② Industrial Espionage
③ Kinds of Bugging Devices   ④ Modern Spying
⑤ Security Forces

풀이 ① 스파이의 형태 ② 산업 스파이 ③ 도청 장치의 종류 ④ 현대 스파이 ⑤ 보안팀
주제문이 첫 문장이고, 핵심어로 등장하고 있는 표현이 흔히 제목으로 적절하다.

 간첩(Espionage Agents)의 유형

① Agents Provocateurs(스파이의 앞잡이, 미끼) ② Assassins(암살자) ③ Combat Spies(무장 간첩)
④ Counterspies(역 스파이, 다른 간첩들을 찾아내서 활동을 방해하는 간첩)
⑤ Double Spies(이중 스파이, 적과 우군 양쪽을 위해 일하는 간첩)
⑥ Industrial Spies(산업 스파이) ⑦ Kidnappers(납치범) ⑧ Listening Posts(도청 스파이)
⑨ Photographic Spies(첩보 위성) ⑩ Scientific Spies(과학 스파이)
⑪ Sitters(정보 수집책) ⑫ Traitors(이적 분자)

United States Army 미 육군

In wartime, specially selected and trained soldiers of the U.S. Army are sent deep behind enemy lines to organize, train, and equip guerrillas to disrupt enemy communications and supply lines, blow up military targets, and damage enemy morale. In peacetime, these soldiers are sent to friendly countries to teach foreign soldiers to defend their country. These soldiers belong to the U.S. Army Special Forces.

All Special Forces soldiers are volunteers who wear a distinctive green beret (cap). They receive rigorous combat and parachute training and must learn to speak a foreign language. Every member of a twelve-man Special Forces 'A' team is an expert in medicine, communications, weapons, or explosives. Special Forces teams train to fight anywhere in the world — in mountains, desert, the arctic, or jungle.

deep behínd 후방 깊숙이 equíp v. 장비를 갖추어 주다 disrúpt v. 교란하다, 파괴하다 supply line 보급선 blow up 날려보내다, 파괴하다 mílitary tárget 군사목표물 dámage v. 손상을 입히다 morále n. (군대의) 사기 defénd v. 방위하다 distínctive adj. 특징인 rígorous adj. 혹독한 párachute n. 낙하산 médicine n. 의학 explósive n. 폭발물

1. Which of the following does the passage mainly discuss?

① 'A' team ② Green beret
③ Guerrillas ④ The U.S. Army
⑤ Wartime and Peacetime

풀이 ① A팀 ② 그린베레 ③ 게릴라 ④ 미 육군 ⑤ 전시와 평화시
이 글은 '미 육군 특수부대'(the U.S. Army Special Forces)를 서술하고 있으며, 다른 말로 '그린베레'(Green beret)라고 한다.

 미 육군의 부대 단위

우리 나라와 거의 같으므로 영문 명칭을 익혀 두면 도움이 될 것이다.
① Detachment(분견대, 지대) : 가장 작은 부대 단위로서 장교(officer) 1명과 사병(enlisted person) 1명으로 구성된다.
② Squad(분대) : 보병(infantry)은 9명, 기갑부대(armor)는 4명, 공병(engineer)은 10명으로 편성되고, 지휘자는 하사관(noncommissioned officer)이며, 보통 4개 분대가 1개 소대를 이룬다.
③ Platoon(소대) : 보병은 4개 분대로, 기갑부대는 탱크 4대와 병사 16명으로 편성된다. 지휘관은 흔히 중위(lieutenant)이고, 3~4개의 소대가 모여 1개 중대를 이룬다.
④ Company(중대) : 흔히 150~220명으로 구성되고, 보병에서는 흔히 'company'라고 하지만, 포병(artillery)에서는 'battery', 기갑부대에서는 'company' 또는 'troop'라고 한다. 일반적으로 대위(captain)가 지휘관이
⑤ Battalion(대대) : 'Squadron'이라고도 한다. 지휘관은 중령(lieutenant colonel)이고, 보병 대대인 경우 본부중대(headquarters)와 5개의 중대로 편성된다.

theme 23 Congress of the United States 미 의회

1 There are two main reasons why the Congress has two houses, rather than a single-house (unicameral) system. The first is in keeping with historical tradition. The framers of the Constitution were most familiar with the British Parliament, which consists of two houses. In fact, at the time of the Constitutional Convention of 1787, the legislatures of 11 of the 13 states of the United States were made up of two houses.

The second is that a bicameral legislature offered a way of resolving a major conflict in the writing of the Constitution. Delegates to the Constitutional Convention from the heavily populated states wanted a state's representation in the new Congress to be based on population. Delegates from the less heavily populated states feared that the larger states would dominate the Congress if this were done. They insisted that each state receive equal representation. This obstacle was overcome by the Great Compromise. It provided for equal representation for each state in the Senate, and for the House of Representatives to be elected on the basis of population.

Furthermore, a legislature made up of two chambers supports the system of checks and balances that is built into the American form of government. Either house is able to block legislation approved by the other. Therefore, the two houses must often cooperate with each other and compromise on their differences in writing the nation's laws.

Cóngress 미국 의회 unicámeral *adj.* 단원제의, 일원제의 be in keeping with — ~와 조화를 이루다 framer *n.* 뼈대, 구성자 constitútion *n.* 헌법 Párliament *n.* 영국 의회 Constitútional Convéntion 미국 제헌의회 législature *n.* 입법기관 (*cf.* legislátion *n.* 입법) bicámeral *adj.* 양원제의 resólve *v.* 해결하다 cónflict *n.* 충돌 délegate *n.* 대표자 héavily pópulated states 인구가 많은 주들 represent tion *n.* 대표, 대표자 dóminate *v.* 지배하다 insíst *v.* 고집하다 bstacle *n.* 장애물, 난제 cómpromise *n/v.* 타협/하다 Sénate *n.* 미국 상원 House of Representation 미국 하원 chamber *n.* 방 checks and bálances 견제와 균형 block *v.* 막다, 방해하다 appróve *v.* 승인하다

1. Which of the following is <u>not</u> a correct statement about the bicameral system in the passage?

① The Congress is dominated by the House of Representatives.
② Either house is able to block legislation approved by the other.
③ They must often cooperate with each other.
④ They support the system of checks and balances.

Congress of the United States 미 의회

풀이 ① 의회가 하원에 의해 지배된다. ② 양원은 상대편이 통과한 입법을 막을 수 있다. ③ 서로 자주 협력해야 한다. ④ 견제와 균형의 체제를 뒷받침한다.
미국 의회 양원의 이점들은 마지막 단락에 서술되고 있다.

 미 의회 의원의 임기(terms of office)**와 정원**(members)
1. Senators(상원 의원) : 6년 임기(6-year terms of office), 2년마다 전체의 3분의 1이 뽑힌다. 각 주를 대표하여 2명씩 뽑아 전체 50개 주에 총 100명이 정원이다.
2. Members of the House(하원 의원) : 2년 임기(2-year terms of office). 인구 비례로 하여 전체 435개 지역구에 총 435명 정원이다.

theme 24 George Washington 조지 워싱턴

1 "To the memory of <u>the Man</u>, first in war, first in peace, and first in the hearts of his countrymen." So wrote Congressman Henry Lee in 1799, upon the death of George Washington. Lee, who was better known as 'Light Horse Harry' Lee, was a hero of the Revolutionary War and a friend of Washington's. His famous words accurately described the feelings of Americans for their first president.

Washington's role in the creation of the United States was almost without equal. He led the American forces during the long and difficult years of the Revolutionary War that won independence from Britain. He presided at the Constitutional Convention that established the framework of the new government of the United States, and then, as its first president, helped determine what form the presidency would take. Having accepted his country's highest office with reluctance, Washington served two terms and then returned to the life he most loved, that of a farmer and planter.

to the mémory of – ~의 영전에 cóuntrymen 국민들 Cóngressman *n.* 하원 의원 light-horseman 경기병 áccurately *adv.* 정확하게 descríbe *v.* 묘사하다 without équal 비길 데 없는 presíde *v.* (회의를) 주재하다 fráme work *n.* 틀 detérmine *v.* 결정하다 présidency *n.* 대통령직 relúctance *n.* 꺼림, 내키지 않음 with reluctance 내키지 않은 마음으로 term *n.* 임기, 용어 planter *n.* 농장주, 씨 뿌리는 사람

1. The underlined phrase <u>the Man</u> refers to

① a countryman ② a farmer
③ george Washington ④ henry Lee
⑤ a Congressman

풀이 ① 국민 ② 농부 ③ 조지 워싱턴 ④ 헨리 리 ⑤ 하원 의원
그 문장은 조지 워싱턴의 죽음에 바쳐진 글이다.

 워싱턴의 퇴임(Washington's Retirement)

워싱턴은 초대 대통령으로 시작하여 헌법에 정한대로 두 번까지의 연임을 마친 뒤, 종신으로 대통령직을 맡으라는 의회의 권유도 자신은 왕이 아니라며 거절하고, 늘 그리던 Vermon 산으로 돌아가 잠시 평화롭게 지내다가 세상을 떠난다. 종신 대통령직 제의를 거절한 그의 퇴임은 정치권력에 집착하는 이들에게 주는 의미가 크다.

THEME ENGLISH READING

경제 Economics

Advertising	01	광고
Banks and Banking	02	은행과 은행업
Bookkeeping and Accounting	03	부기와 회계
Business	04	기업
Economics	05	경제
Income Tax	06	소득세
Inflation and Deflation	07	인플레이션과 디플레이션
Insurance	08	보험
International Trade	09	무역
Mail Order Shopping	10	우편 주문 구매
Money	11	돈
Retail Stores	12	소매상
Sales and Marketing	13	판매와 영업
Stocks and Bonds	14	증권과 채권
Tariffs	15	관세
Taxation	16	과세
Trade and Commerce	17	무역과 상업

theme 01 Advertising 광고

1 Direct response is defined as any form of _____ that elicits a measurable response. That is, it encourages people to contact the advertiser directly. It uses all forms of media—direct mail (including catalogs), magazines, newspapers, radio, television, the telephone (toll-free numbers), and the new electronic media.

Direct marketing, particularly direct mail, allows advertisers to target their advertising to very specific audiences, those who would most likely be interested in buying a particular product or service. It is a very personal method of selling.

The computer is an important advertising tool in direct marketing. It is used to build databases that record the purchasing habits of various groups of people.

respónse *n.* 반응 defíne *v.* 규정하다, 정의하다 elícit *v.* 이끌어 내다, 유도해 내다 méasurable *adj.* 적절한, 잴 수 있는 encóurage *v.* 격려하다, 부추기다 direct mail 다이렉트 메일. 소비자들에게 직접 우송하는 광고 우편물 toll-free number 수신자 부담 전화 direct marketing 직접 마케팅. 다이렉트 메일이 여기에 속한다. specífic *adj.* 특정한 áudience *n.* 시청자 púrchase *v.* 구매하다 púrchasing hábit 구매 습관

1. According to the passage, what is the function of the computer in direct marketing?

① To build databases that record the purchasing habits of people
② To elicits a measurable response from people
③ To encourage people to contact the advertiser directly
④ To target the advertising to very specific audiences
⑤ To use all forms of media

2. What is the suitable word for the blank?

① communication   ② language
③ advertising   ④ tools
⑤ media

Advertising 광고

풀이 1. ① 사람들의 구매 습관을 기록하는 데이터베이스 구축하기 ② 사람들에게서 적절한 반응을 이끌어 내기 ③ 사람들이 광고주에게 직접 접촉하도록 부추김 ④ 매우 특정한 시청자들을 광고 대상으로 설정함 ⑤ 모든 형식의 매체 이용하기
우선 'direct marketing'과 'computer'라는 어휘를 찾는다. 마지막 단락에 컴퓨터의 역할이 나와 있다.

2. ① 의사소통 ② 언어 ③ 광고 ④ 도구 ⑤ 매체

 구매동기 조사(motivation research)

상품과 서비스에 대한 소비자 구매 행동의 동기에 대해 잠재적, 의식적인 심리를 중심으로 실시하는 시장조사를 말한다. 심층 면접, 투영, 집단 면접 등의 심리학적 방법을 사용하여 의식 조사를 하고 신제품 계획, 판매 계획, 광고 효과 등에 참고한다.

theme 02 Banks and Banking 은행과 은행업

1   Banks make many types of loans to individuals or businesses. One major type of loan is a home mortgage loan, which is provided to people who want to buy or build a home. Home mortgage loans usually require repayment over a loan term, perhaps as long as twenty to thirty years. After the buyer pays a down payment on the home, the bank finances the balance of the cost. The buyer then pays off this amount, plus interest, in periodic (usually monthly) installments. On a large loan repaid over many years, the buyer will pay a large amount of interest as a part of each payment.

Banks make many short-term loans to both individuals and businesses. For example, a person might borrow $1,000 from a bank for a period of six months. The person signs a note promising to repay the money borrowed in addition to interest charged by the bank for the use of its money. Usually, the person must also offer something of value, such as an automobile, as security, or collateral. If the person fails to repay the loan, the bank can take possession of this collateral.

The rate of interest that banks charge depends on the type and length of the loan. The prime rate is the rate of interest that large city banks charge their best customers. The rate of interest paid by the average borrower is usually higher than the prime rate.

make a loan 대출을 해주다 mórtgage n. 저당, 담보 home mortgage loan 주택담보 대출 repáyment n. 상환 loan term 대출 기간 down payment 할부금의 첫 지불액 finánce v. 융자해 주다 bálance n. 수지, 차액 pay off 갚다 plus interest 이자를 포함하여 periódic adj. 정기적인 instállment n. 할부금 short-term loan 단기 대출 in addition to ~ ~외에도, ~와 더불어 charge v. 부과하다 secúrity n. 보장, 보증 colláteral n. 담보물 rate of interest 이자율 prime rate 최우량 비율

1. When an individual borrows some money from bank, he must usually offer which of the following?

① charge   ② collateral
③ installment   ④ interest
⑤ mortgage

풀이 ① 부과 ② 담보 ③ 할부 ④ 이자 ⑤ 저당
'담보'는 둘째 단락에 기술되어 있다.

Banks and Banking 은행과 은행업

 은행의 종류

① Commercial Banks(상업 은행) : 주로 기업과 개인에게 단기 상업 대출을 한다.
② Savings and Loan Associations(예금과 대출 은행) : 여러 가지 대출도 하지만 전통적으로 주택의 건설이나 구매에 대한 20년 이상의 장기 대출을 주로 해 왔다.
③ Savings banks(예금 은행) : 주로 개인의 예금을 취급하는 금고형 은행이다.
④ Credit unions(신용 조합) : 노동조합 등 각종 조합이 회원들에게 예금에 높은 이자를 주고 낮은 이자로 대출을 해주는 비영리 금융 형태이다.
⑤ Investment banks(투자 금융) : 주로 기업의 증권이나 채권을 매매하여 수익을 올리는 금융 형태이다.
⑥ The world bank(세계은행) : 세계 각국의 재정 문제 취급. IBRD(International Bank for Reconstruction and Development), IFC(International Finance Corporation) 등이 있다.

theme 03 Bookkeeping and Accounting 부기와 회계

1 Financial statements use the records kept in the accounts to give a picture of the financial activity of the company. Two types of financial statements are most commonly used to report this information: the balance sheet and the income and expense statement. (Before these statements are prepared, a trial balance is made to be certain that debits equal credits.)

The balance sheet, sometimes called the statement of financial position, is a summary that represents the financial condition of a business at a given time. It shows the company's assets at that moment, as well as its liabilities and capital.

The income and expense statement, sometimes called the profit and loss statement, shows the income and expenses of a business over a specified period of time, usually one year. From this statement the managers of the business can learn whether the company had a profit or a loss for the period covered by the report.

fináncial státement 재무제표 account *n.* 계산(서) give a picture 묘사하다, 설명하다 bálance sheet 대차대조표 íncome and expénse státement 수입지출표 trial balance 시산표(試算表) be certain that ~ ~을 확인하다 débit *n.* 차변 crédit *n.* 대변 ásset *n.* 자산 liabílity *n.* 채무, 부채 cápital *n.* 자본금 prófit and loss statement 손익표

1. Which of the following is <u>not</u> included in the financial statements?

① balance sheet
② income and expense statement
③ liabilities and capital
④ profit and loss statement
⑤ statement of financial position

풀이 ① 대차대조표 ② 수입지출표 ③ 부채와 자본금 ④ 손익표 ⑤ 재정 상황표
둘째와 셋째 단락에서 각기 'financial statements'의 종류와 그 다른 이름들을 확인하면 된다.

 부기(簿記)란?
부기란 재산의 출납, 변동 등을 장부에 기재하는 방법으로, 영어의 '북킵'(bookkeep)을 한자(漢字)로 음차(音叉)한 말이다. 단식 부기(bookkeeping by single entry), 복식 부기(bookkeeping by double entry) 등이 있다.

Business 기업

In a free enterprise system, such as the economies of the United States and Canada, businesses produce the goods and services people need and want. While doing this, they also try to make a profit—to have more income than expenses. Profit is essential for a business to remain in operation, and it is one of the most important principles of a free enterprise system.

One of the key factors affecting profit is competition. If a business has competitors—other companies producing and selling similar goods or services—it cannot charge prices that are much higher than those of its competitors without losing customers. However, it cannot charge prices that would result in less income than expenses without jeopardizing the survival of the business. Competition thus helps regulate profits businesses earn and prices consumers pay for goods and services.

énterprise *n.* 기업 free enterprise system 자유기업체제 make a prófit 이익을 내다 íncome *n.* 수입 expénse *n.* 지출, 비용 in operation 경영에서 key factor 핵심 요소 competítion *n.* 경쟁 compétitor *n.* 경쟁자 charge *v.* 부과하다 resúlt in ~ ~의 결과를 낳다 jéopardize *v.* 위험하게 하다, 위태롭게 하다 régulate *v.* 규제하다, 조절하다

1. According to the passage, what helps regulate business profits and consumer prices?

① competition ② consumers
③ expenses   ④ free enterprise system
⑤ services

풀이 ① 경쟁 ② 소비자 ③ 지출 ④ 자유기업 체제 ⑤ 서비스
이 글의 핵심어는 'free enterprise system'과 'competition'이다. '기업의 이익과 제품이나 서비스의 가격을 조절하는 것'은 마지막 문장에 있다.

기업 조직의 3가지 형태

① 개인 소유(individual proprietorship) 기업
② 동업 형태(partnership)의 기업 : 동업자(partners) 2인 이상의 소유
③ 주식회사(corporation) : 많은 사람이 집단적으로 모인 법인(法人) 소유의 기업

theme 05 Economics 경제

1 Perhaps the most basic laws in the science of economics are the laws of supply and demand. These laws play a major role in almost all economic issues.

The law of demand says that as the price of a good or service rises, the demand for that item will fall. As the price of the good or service falls, the demand for the item will rise. _____, people will buy more of an item if the price is low than if the price is high.

The law of supply is the opposite of the law of demand. It says that as the price of an item rises, the supply of the item will rise. As the price of the item falls, the supply will also fall. It is only natural that as prices rise, the people providing goods and services will be willing to supply larger quantities of those goods and services.

The interaction of supply and demand determines the prices of goods and services. An increase in demand tends to make prices higher. A decrease in demand tends to make prices lower. _____, an increase in supply tends to make prices lower, while a decrease in supply tends to make them higher.

laws of supply and demand 공급과 수요의 법칙 ópposite *n/adj.* 반대/의 be willing to do 기꺼이 ~하는 interáction *n.* 상호작용 tend to do ~하는 경향이 있는

1. Accroding to the passage, by what is the price decided?

① The economic issues   ② The interaction of supply and demand
③ The laws of demand   ④ The laws of supply
⑤ The quantities of goods and services

2. What is the suitable word for the blank?

① In other words / Similarly
② However / Similarly
③ However / In other words
④ That is / For example
⑤ That is / On the contrary

Economics 경제

풀이 ① 경제 문제들 ② 공급과 수요의 상호작용 ③ 수요의 법칙 ④ 공급의 법칙 ⑤ 상품과 서비스의 양
'상품과 서비스의 가격을 결정하는 것'은 마지막 단락의 첫 문장에 나와 있다.

 생산의 4대 요소(Four Factors of Production)

① Natural Resources(자연 자원)
② Capital Goods(자본 설비)
③ Labor(노동)
④ Entrepreneurship(기업가 정신)

theme 05 Economics 경제

2 There is often more than one way to produce a particular good or service. For example, suppose a construction company has been hired to dig a large basement for a new building. The basement could perhaps be dug by fifty workers using shovels and wheelbarrows, or by one worker using a giant crane. The construction company, in competition with other companies for the job, must choose the most efficient and least costly method of digging the basement. In this case, it would probably mean using one worker and the giant crane rather than fifty workers equipped with shovels and wheelbarrows.

Competition forces producers to use the least costly methods of production. It allows consumers to buy goods and services at lower prices than would be possible if less efficient, higher-cost methods of production were used.

suppóse v. 가정하다, 상상하다 constrúction company 건설 회사 básement n. 지하층, 지하실 whéelbarrow n. 외바퀴 손수레 crane n. 굴삭기 in competítion with ~ ~와 경쟁 관계에 있는 effícient adj. 효과적인 least costly method 가장 비용이 적게 드는 방법 equípped with ~ ~을 장비로 갖춘 force ~ to do ~에게 ~하도록 강요하다 consúmer n. 소비자

1. Which of the following forces producers to use the least costly ways of production?

① competition ② consumers
③ equipment   ④ production
⑤ workers

풀이 ① 경쟁 ② 소비자 ③ 장비 ④ 생산 ⑤ 노동자
'생산자로 하여금 가장 효과적이고 최소 비용의 생산 방법을 이용하게 하는 것'은 둘째 단락에 바로 나온다.

경제 체제의 종류

1. Traditional Economies(전통 경제) : 가족이나 부족 단위의 농업 경제
2. Command Economies(계획 경제) : what(무엇), how(어떻게), for whom(누구를 위해) 등 경제 계획을 정부가 주도하는 체제
3. Market Economies(시장 경제) : 경제를 개인과 기업에 맡기는 체제, 즉 시장 원리에 맡기는 경제 체제이다.
4. Mixed Economies(혼합 경제) : what(무엇), how(어떻게), for whom(누구를 위해) 등 경제 문제를 개인과 기업에 맡기기도 하지만 일부는 정부가 결정을 하는 혼합 체제이다.

Economics 경제

05 *theme*

Because all nations have limited resources and unlimited wants, they all face the problem of scarcity. There is no way to eliminate this problem, but certain things can be done to increase the production obtained from a given amount of resources. One way to increase production, and thus narrow the gap between limited resources and unlimited wants, is to increase productivity—to produce more goods and services with less material and in shorter time. Increased productivity results in increased output per person.

One way to achieve greater productivity is through specialization. Both individuals and nations can become more productive by specializing in the production of the things they can produce most efficiently.

Another way to increase productivity and economic output is through the use of new technology. New machines and new techniques have played a very important role in increasing economic productivity throughout history. They continue to do so today.

límited resóurce 유한한(한정된) 자원 unlímited wants 무한한 욕구 scárcity *n.* 결핍, 부족 elíminate *v.* 제거하다, 해소하다, 없애다 incréase *v.* 향상시키다, 증대시키다 nárrow *v.* 좁히다 productívity *n.* 생산성 óutput *n.* 산출물, 산물 achíeve *v.* 이룩하다, 성취하다 specialization *n.* 전문화 play a (very important) role in ― ~에 (매우 중요한) 역할을 하다

1. What is the main topic of the passage?

① New Technologies   ② Increasing Productivity
③ Limited Resources   ④ Specialization
⑤ Unlimited Wants

풀이 ① 새로운 기술 ② 생산성 향상 ③ 유한한 자원 ④ 전문화 ⑤ 무한한 욕구
이 글의 핵심어가 'productivity'이며, 이것을 향상시키기 위한 방법들이 서술되어 있다.

 경제의 4대 목표(Four Goals of Economics)
① Efficiency(효율)
② Equity(공정)
③ Stability(안정)
④ Growth(성장)

theme 05 Economics 경제

4 A period of reduced economic activity and increased unemployment is called a recession. Economists define recession as a period when the gross national product (GNP)—the total market value of all goods and services produced during a year—is declining and unemployment is rising. If the gross national product, or GNP, falls to a very low level and remains there for a prolonged period while large numbers of people are unemployed, the situation is called a depression. Depressions are times of severe economic crisis for every nation.

redúce *v.* 줄다, 감소하다 unemplóyment *n.* 실업 recéssion *n.* (경기)후퇴 define *v.* 규정하다, 정의하다 gross national product 국민총생산(GNP) market value 시장가치, 시가 declíne *v.* 줄다, 감소하다(= reduce) depréssion *n.* (경기)불황 sevére *adj.* 심한, 혹독한

1. What does this passage mainly discuss?

① Economic activity ② Economic crisis
③ Gross national product ④ Recession and depression
⑤ Unemployment

풀이 ① 경제 활동 ② 경제 위기 ③ 국민총생산 ④ 경기 후퇴와 불황 ⑤ 실업
이 글은 'recession'과 'depression' 두 가지 핵심어의 개념을 설명하고 있다.

 경기 후퇴기에 나타나는 현상

1. Unemployment rises. (실업이 증가한다.)
2. Income does not grow. (소득이 늘어나지 않는다.)
3. Business profits fall. (기업의 이윤이 떨어진다.)
4. Stock prices fall. (주식 가격이 떨어진다.)
5. Inflation rates fall. (인플레 율이 떨어진다.)

Income Tax 소득세

1
As long as people have had governments, they have had some form of income tax. In ancient times, money was not widely used, but grain was considered income, and people gave part of their crops to the government. Ancient Greeks and Romans imposed a form of tax on money earned by citizens. The first modern income tax was adopted by the British Parliament in 1799. The United States imposed an income tax 1862 to help pay for the costs of the Civil War. In 1894 the United States Supreme Court declared income taxes unconstitutional. Because the revenues it provided were needed, however, Congress was urged to amend the Constitution to make the tax legal. In 1913 the 16th Amendment went into effect, and that year Congress imposed an income tax on individuals and corporations. Many changes have been made in the law since then, but the tax remains.

íncome tax 소득세, 수입세 grain *n.* 알곡, 곡식 crop *n.* 수확, 농작물 impóse *v.* 부과하다 adópt *v.* 채택하다 British Párliament 영국 의회 United States Supréme Court 미국 연방 대법원 decláre *v.* 선언하다, 포고하다 unconstitutional *adj.* 위헌의, 헌법에 맞지 않은 constitútion *n.* 헌법 révenue *n.* 수입 be úrged to do ~하도록 촉구 받다 aménd *v.* 수정하다 améndment *n.* 수정 légal *adj.* 합법적인 corporátion *n.* 법인, 기업

1. When did the US Supreme Courts declare the income tax unconstitutional?

① in 1799 ② in 1862
③ in 1894 ④ in 1913
⑤ in 1973

풀이 미국 연방 대법원이 '소득세를 위헌으로 판정한'(declared income tax unconstitutional) 것은 1894년이다.

'Gross income'과 'Net income'의 차이
①Gross income : 기업이 벌어들인 총 소득에서 비용(expense)을 제하지 않은 액수
②Net income : 흔히 이익(profit)이라고 하는데, 기업이 벌어들인 총 소득에서 비용과 기타 운영비를 제한 액수

Inflation and Deflation 인플레이션과 디플레이션

1 Economists know that inflation can be caused by many things. Sometimes government spending is blamed for starting an inflation. Sometimes business and labor unions are blamed. Often inflations are caused by wars.

We know that the economy is working best when everyone who needs a job has one and when many goods and services are being produced. We know that a slight upward shift in prices can help the economy to grow. But a steady rise in prices <u>cuts back</u> the amount that a dollar will buy. When people realize that their money is losing value, they hurry to buy before costs get any higher. Then business leaders think that there is a growing demand for their products. They put money into new products, machinery, and factories. With their goods selling well, business leaders may borrow money to expand their businesses.

With new businesses growing up, there is a greater demand for workers. As a result, people get bigger salaries. They spend their extra money and may even borrow money to spend on goods.

Increases in prices also cause workers to ask for higher salaries. This pushes up the cost of running a business. Then the business must raise prices again, and the whole process of inflation starts anew.

inflation *n.* 인플레이션, 통화팽창 be blamed for − ~에 책임을 지다, 비난을 받다 labor union 노동조합 a slight upward shift in prices 약간의 가격 상승 a steady rise in prices 계속되는 가격 상승 cut back 줄이다 put money into − ~에 돈을 투자하다 fáctory *n.* 공장 push up 압박하다 run a business 기업을 경영하다 anéw *adv.* 다시, 새로

1. This passage mainly discusses

① businesses.   ② inflation.
③ labor unions. ④ production.
⑤ salaries.

2. The underlined word <u>cuts back</u> is <u>not</u> replaced by

① businesses.   ② inflation.
③ labor unions. ④ production.
⑤ salaries.

Inflation and Deflation 인플레이션과 디플레이션

풀이 1. ① 기업 ② 인플레이션 ③ 노동조합 ④ 생산 ⑤ 봉급
이 글은 'inflation'의 원인을 설명하고 있다. 가장 자주 등장하는 말이기도 하다.
2. cut back 줄이다 (= abbreviate, abridge, curtail, lessen)

 인플레이션 기간의 명암

1. 채무자들은 빚의 실질 가치가 떨어지므로 이익이다. 인플레 기간에 빚을 갚는 것이 좋다.
2. 기업주나 부동산, 주식 소유자들은 높은 가격에 팔 수 있어서 이익을 본다.
3. 예금주나 채권자, 연금 수혜자 등 고정 금액에 묶인 사람들은 손해이다.

theme 07 Inflation and Deflation 인플레이션과 디플레이션

2 Deflation has been very rare in the past. Usually it has happened during depressions. A deflation may start when businesses find that their products are not selling well. This might be because they had expected a bigger market. Soon they are not making enough money to pay back money they had borrowed from their banks. They have to close down their factories. When this happens the workers in these factories are out of jobs—with no money to live on and no money to pay debts. Other businesses also are failing, and jobs are hard to get. A depression is a period when many businesses are no longer active and many people are out of work.

deflation n. 디플레이션, 통화수축 pay back 상환하다, 갚다 close down 문을 닫다 be out of jobs 일자리를 잃다 live on ~을 먹고살다 be out of work 일자리를 잃다

1. When does the deflation usually happen?

① during depressions ② during inflations
③ during recessions   ④ unemployment
⑤ during wars

풀이 ① 경기 불황 ② 인플레이션 ③ 경기 후퇴 ④ 실업 ⑤ 전쟁
이 글의 첫 문장에 바로 나와 있다. (... it has happened during depressions)

 디플레이션 기간의 명암
1. 채권자, 예금주, 고정 급여를 받는 사람들은 이익을 본다.
2. 기업주나 부동산, 주식 소유자들은 손해를 본다.
3. 많은 사람이 직장을 잃기도 한다.

Insurance 보험

08 theme

Owning life insurance is a way for a person to make sure his or her family will have money to live on after his or her death. Premiums are based on the amount of time the insurance company expects the person to live. Some policies let a person borrow money against the amount they have paid in while they are still living, to help pay for a youngster's college tuition, for example. Also, some policies pay a policyholder a sum of money every month after retirement. Many employers buy life insurance for their workers because group insurance costs less than if the workers bought policies on their own.

life insúrance 생명보험 prémium n. 보험료 be based on - ~을 근거로 하다 insúrance company 보험회사 pólicy n. 보험증권 túition n. 수업료, 수강료 pólicyholder n. 보험계약자, 보험가입자 retírement n. 퇴직, 은퇴 group insúrance 단체 보험 on one's own 각자

1. What does this passage mainly discuss?

① Insurance company ② Group insurance
③ Life insurance ④ Policyholders
⑤ Premiums

풀이 ① 보험회사 ② 단체 보험 ③ 생명보험 ④ 보험가입자 ⑤ 보험료
첫 문장의 핵심어가 곧 이 글의 핵심어이다. 그리고 이 글에서 가장 자주 등장하는 말은 'insurance'이다.

 보험의 종류
① Property Insurance(재산 보험)
② Casualty Insurance(손해 보험)
③ Life Insurance(생명 보험)
④ Health Insurance(건강 보험)
⑤ Accident Insurance(상해 보험)

theme 09 International Trade 무역

1 Nations trade for several reasons. First of all, they must trade because natural resources vary from country to country. For example, Canada is rich in deposits of the mineral nickel, but its climate is too cold for oranges to be grown. The United States has little nickel, but it produces, among other things, large crops of oranges. Therefore, it makes sense for the United States to export oranges to Canada and import Canadian nickel.

Japan, as another example, is one of the world's leading industrialized nations, but it has only limited mineral resources and other raw materials useful in industry. It must therefore import the raw materials that it needs to manufacture the industrial goods it exports.

International trade also allows a country to specialize in the production of items that it can make best. This is called the principle of comparative advantage. It enables a country to make the most productive use of all its resources, including the skill of its workers.

Most international trade is carried out between industrialized nations that have relatively high standards of living. One reason for this is that people in such countries usually have enough income to buy foreign products. Another is that industrialized countries generally produce a greater variety of goods.

nátural resóurce 천연자원 depósit *n.* 매장(량) make sense 타당하다, 이해가 가다 raw matérials 원료 international trade 국제 무역 príncple of compárative advantage 비교 우위의 원칙 carry out 실행하다, 실시하다 standard of living 생활 수준

1. Which of the following is the closest in meaning to the principle of comparative advantage?

① industrialization   ② international trade
③ natural resources   ④ raw materials
⑤ specialization

풀이 ① 산업화 ② 국제 무역 ③ 천연자원 ④ 원료 ⑤ 전문화
우선 셋째 단락과 'principle of comparative advantage'가 들어 있는 문장을 함께 읽어보면, 그 의미를 가리키는 말을 알 수 있다.

International Trade 무역

가트(GATT)

세계무역기구(World Trade Organization, WTO)의 '관세와 무역에 관한 일반협정'(General Agreement on Tariffs and Trade)이다. 관세나 수출입 규제 등의 무역 장벽을 다각적인 교섭을 통해 제거하려는 목적으로 1948년에 맺어진 국제 경제 협정이다. 한국은 1967년에 가입하였다. 1967년 케네디라운드에서 공산품과 농산물의 관세를 평균 35% 인하하였고, 1973년에서 79년에 걸친 도쿄라운드에서는 33% 인하하였다. 1986년부터 90년까지 계속 협상을 벌인 우루과이라운드에서는 금융, 정보 통신, 건설, 지적재산권 등의 서비스 분야의 개방을 결의하고, 이중 곡가제 폐지, 영농 자금 융자 폐지 등 농업 분야의 개방까지 결정되기에 이른다.

10 Mail Order Shopping 우편 주문 구매

1 The means of communication used in direct marketing may be catalogs or letters, magazine or newspaper advertisements, radio or television commercials, or the telephone. Whatever method is used, people are asked to respond directly by mail or phone.

Direct marketing is a very efficient way to sell and deliver goods—it does not necessarily require a store or in-person sales calls. For this reason it is used by many types of businesses—magazine and newspaper circulation departments, credit card companies, book and record companies, financial services, and insurance companies. Some businesses that use direct marketing, such as catalog and other mail-order firms, have no stores. Others use direct marketing along with other selling methods. Even retail stores sell merchandise through the mail or by telephone. Direct marketing is also used by colleges and universities and by most fund-raising groups.

commércial n. 상업 광고 in-person 본인이 직접 나오는 circulátion n. 배포, 보급, 유통 fináncial service 금융 서비스
mail-order firm 우편 주문 회사 rétail store 소매 점포 mérchandise n. 상품 fund-raising 기금 모금

1. Which of the following is <u>not</u> used in direct marketing?

① catalogs or letters
② magazine or newspaper advertisements
③ motion picture films
④ radio or television commercials
⑤ telephone

풀이 ① 카탈로그나 편지 ② 잡지나 신문 광고 ③ 영화 필름 ④ 라디오나 텔레비전의 광고 ⑤ 전화
첫 단락에 모두 나열되어 있다. 부류별로 확인 바람.

 유통혁명

대량 생산, 대량 소비가 진전되어 상품의 유통 구조, 거래 방식, 상업 관습 등이 일신되는 것을 일컫는 말이다. 유통혁명의 주체는 슈퍼마켓, 슈퍼 스토어, 대형 할인점 등으로서, 본부를 중심으로 많은 점포를 집중 관리하는 방식(체인점 형태)의 소매업을 대규모화하여 판매의 주류로 정착시킨다. 컴퓨터로 소비자의 욕구를 과학적으로 신속하게 파악할 수 있어 소비 정보가 생산자에 신속히 반영되고, 가격 결정도 생산자와 판매자가 대등하게 행하며, 생산·유통·소비를 계획화하는 것까지 포함한다.

Money 돈 11 theme

Money serves people's purposes in several ways. Bakers, for example, cannot live on just the bread they bake. In today's society, they have to sell their bread to other people so that they can get the money they need to buy life's necessities. In this way, money is serving as a medium of exchange.

Because the baker knows how much money a loaf of bread will bring, money can do something else. It tells the baker how much work it takes to buy a new one. Both the bread and the oven have their own price. So, money helps the baker decide whether he or she can afford a new oven by using it to bake and sell more bread. In this way, money is serving as a standard of value.

Finally, money can be saved. The baker can hardly set aside a couple of loaves of bread every day until they can be taken down the street to trade for a television set. Even if the television store were willing to take bread as payment, the loaves would be moldy by the time the baker had enough saved up. But the baker can set aside a little money every day. In this way, money serves as a store of value.

púrpose *n.* 목적 necéssity *n.* 필수품 medium of exchange 교환 매체 loaf *n.* (빵의) 덩어리 affórd *v.* ~ 할 수 있다, ~ 할 능력이 있다 standard of value 가치 기준 hardly – until – ~까지 가까스로(간신히) ~하다 set aside 따로 모으다, 저축하다 take down 소비하다, 팔아치우다 trade for – ~와 바꾸다 moldy *adj.* 곰팡이 핀, 곰팡내 나는 store of value 가치의 축적

1. Which of the following is <u>not</u> included in the services of money?

① medium of exchange ② method of security
③ standard of value   ④ store of value

풀이 ① 교환의 매체 ② 안전의 방법 ③ 가치의 기준 ④ 가치의 축적
각 단락의 마지막 문장에 'services of money'가 하나씩 서술되어 있다.

국제통화기금(International Monetary Fund, IMF)
가맹국들의 출자로 공동의 외화 기금을 만들어 이것을 각국이 이용토록 하여 외화 자금 조달을 원활하게 하고 나아가서 세계 각국의 경제적 번영을 도모하는 국제 금융 기구이다. 세계 대부분의 나라가 가입하고 있다. 우리 나라는 경제 사정이 악화되고 외환 위기가 온 1997년 말에 IMF의 차관을 받고, 국가경제가 채권 주체인 IMF의 감시 하에 들어가는 고통을 겪었다.

theme 12　Retail Stores 소매상

1　Retail stores buy goods in large quantities from producers and wholesalers and sell these goods in smaller quantities to consumers. It is in the retail store that the customer has the chance to examine the goods and say, "I don't like this," or "I'll take that." Thus the merchant learns what the public wants and needs.

The orders that retailers send to manufacturers reflect their knowledge of their customers' likes and dislikes. Naturally they order items that are in demand and do not order items they cannot sell. Manufacturers also want to sell as much as possible, so they make more of the popular items ordered by retailers. To make more of these items, they need more of the raw material from which these items are made. The producers of the raw material, in turn, produce more of it.

Retailing is one of the largest industries in the United States. There are nearly 2,000,000 retail stores. This is 27 percent of all the country's businesses. More than 16,000,000 people work in stores in the United States—about one out of every six workers.

rétail store 소매 점포　rétailer n. 소매 상인　rétailing n. 소매업　whólesaler n. 도매 상인　mérchant n. 상인　órder n. 주문　manufácturer n. 제조업자, 생산자　in turn 차례로, 교대로

1. According to the passage, how many retail stores are in the United States?

① 200,000　　　　　　　② 270,000
③ 2,000,000　　　　　　④ 2,700,000
⑤ 16,000,000

풀이　우선 숫자들이 나오는 셋째 단락을 읽고, 소매 점포(retail stores)의 수를 확인한다.

 판매 관련 용어

① bargain sale(바겐세일) : 염가 판매
② outlet(아울렛) : 판매 대리점, 전기 콘센트
③ shopping mall(쇼핑몰) : 상가
④ retail price(소매가) : 소매 가격(selling price), 소비자 가격(consumers's price)
⑤ wholesale(도매)
⑥ flea market/fair(벼룩 시장) : 고물 시장
⑦ chain store(체인스토어) : 연쇄점
⑧ convenience store(CVS) : (24시간) 편의점

Sales and Marketing 판매와 영업

13 theme

    The goal of promotion is to convince people to buy a product. The two main promotional tools are personal selling and advertising. Personal selling is the face-to-face, or personal, explanation of a product by a salesperson to a prospective customer. Because personal selling is expensive, many retailers of food, drugs, and hardware operate on a self-service basis. Many departments in large chain stores are self-service.

    Personal selling is still widely used to market products to industrial consumers. Many industrial products are highly technical, and the seller has to be able to explain in detail how the product works and how it will meet the buyer's needs. For example, in order to sell complex computer systems, the salesperson must be knowledgeable not only about the product but also about the competitor's product and about computer science in general.

    Advertising is the impersonal presentation of information about a product. Television, radio, newspapers, magazines, billboards, and direct mail are the most widely used means of presenting advertisements to consumers. Manufacturers may hire an advertising agency to prepare ads and place them in the media.

    Packaging is another type of promotion. Some consumers will stop and look at a product simply because the packaging catches their eye, and may then buy the product.

promótion *n.* 판촉, 판매 촉진 convínce *v.* 확신시키다 pérsonal selling 직접 판매 prospéctive *adj.* 가망 있는, 잠재적인 hárdware *n.* 기자재, 철물 self-service basis 셀프서비스 chain store 연쇄점 in detail 자세히 knówledgeable *adj.* 알고 있는 compétitor *n.* 경쟁자, 경쟁사 impérsonal *adj.* 간접적인 presentátion *n.* 설명 billbóard *n.* 광고 게시판 ádvertising ágency 광고 대행사 ads *n.* 광고(= advertisement) páckaging *n.* 포장

1. Which of the following is <u>not</u> mentioned in the passage as the types of promotion?

    ① advertising   ② designing
    ③ packaging   ④ personal selling
    ⑤ self service

    풀이 ① 홍보 ② 디자인 ③ 포장 ④ 직접 판매 ⑤ 셀프서비스
          각 단락에 하나씩의 'promotion' 방식이 설명되어 있다.

마케팅(marketing)이란?

마케팅이란 상품을 개발하고, 개발한 상품이 생산자에서 소비자에게로 이동하는 데 필요한 모든 활동을 말한다. 마케팅은 상품의 개발 (development), 유통 (placement), 가격 결정 (pricing), 판촉 (promotion) 등 4가지 활동으로 나뉜다.

Stocks and Bonds 증권과 채권

1 Stocks are certificates of ownership. A person who buys stock in a company becomes one of the company's owners. As an owner, the stockholder is eligible to receive a dividend, or share of the company's profits. The amount of this dividend may change from year to year depending on the company's performance. Well-established companies try to pay stockholders as high a dividend as possible.

There are two types of stock: common stock and preferred stock. Owners of common stock may vote for company directors and attend annual stockholders' meetings. At these meetings they have the chance to review the company's yearly performance and its future plans, and to present their own ideas. Owners of preferred stock do not usually have voting rights or the right to attend stockholders' meetings. They do, however, have priority when dividends are paid. The dividends on preferred stocks are paid according to a set rate, while the dividends on common stocks fluctuate according to the company's performance. If the company does well, however, preferred stocks do not usually gain in value as much as common stocks. If a company goes out of business, preferred stockholders are paid off first.

certíficate *n.* 증서, 확인서 ównership *n.* 소유권, 주권 stóckholder *n.* 주주, 주식 소유자 be éligible to do ~할 자격이 있는 dívidend *n.* 배당(금) share *n.* 몫, 배당 well-established company 건실한 회사 cómmon stock 일반주(株), 보통주 preférred stock 우선주(株) company director (회사의) 이사(理事) annual stockholders' meeting 연례 주주총회 revíew *v.* 검토하다 priórity *n.* 우선권 set rate 정해진 비율 flúctuate *v.* 변동하다 go out of business 기업 활동을 못하다

1. According to the passage, which is <u>not</u> true about 'preferred stock'?

① If the company does well, preferred stocks gain in value more than common stocks do.
② If a company goes out of business, preferred stockholders are paid off first.
③ The dividends on preferred stocks are paid according to a set rate.
④ Owners of it do have priority when dividends are paid.
⑤ Owners of it do not have voting rights or the right to attend stockholders' meetings.

풀이 ① 회사가 잘 되면 우선주는 일반주보다 더 많은 가치를 얻는다. ② 회사가 기업 활동을 못하게 되더라도, 우선주 주주들은 우선 변제 받는다. ③ 우선주의 배당금은 정해진 비율에 따라 지급받는다. ④ 우선주 소유자들은 배당이 지급될 때 우선권을 가진다. ⑤ 우선주 소유자들은 투표권이나 주주총회에 참석할 권리를 갖지 못한다. 둘째 단락 중반부터 'preferred stock'에 관한 서술을 한 문장씩 확인하면 된다.

Stocks and Bonds 증권과 채권

14 theme

 월스트리트(Wall Street)

미국 '뉴욕 증권거래소'(New York Stock Exchange, NYSE)를 비롯하여 각종 금융기관들이 모여 있는 거리의 지명이 '월스트리트'(Wall Street)이다. 증권 금융가(街)의 대명사가 되었다.

theme 14 Stocks and Bonds 증권과 채권

2 Bonds are certificates that promise to pay a fixed rate of interest. A person who buys a bond is not buying ownership in a company but is lending the company money. The bond is the company's promise to repay that money at the end of a certain time, such as ten, fifteen, or twenty years. In return for lending the company money, the bondholder is paid interest at regular intervals. The interest rate is based on general interest rates in effect at the time the bonds are issued, as well as on the company's financial strength. Bonds generally pay more money than preferred stocks do, and they are usually considered a safer investment. If a company goes bankrupt, bondholders are paid before both preferred and common stockholders.

Local, state, and national governments also issue bonds to help pay for various projects, such as roads or schools. The interest the bondholder receives from state and local bonds—also called municipal bonds—is usually exempt from taxes.

fixed rate 고정비율 at the end of – ~의 말기에, 끝에 in return for – ~에 대한 보답으로, 대가로 bóndholder 채권 소유자 at régular ínterval 정기적으로 be based on – ~에 바탕을 두다 íssue v. 발행하다 invéstment n. 투자 go bánkrupt 파산하다 muního 시(市)의 exémpt v. 면제하다 adj. 면제되는

1. Which of the following is not a correct statement about bond?

① The bondholder is paid interest at regular intervals.
② Bonds are certificates that promise to pay a fixed rate of interest.
③ Bonds are usually considered a safer investment.
④ If a company goes bankrupt, bondholders are paid after both preferred and common stockholders.
⑤ The interest the bondholder receives from state and local bonds is exempt from taxes.

풀이 ① 채권 소유자는 정기적으로 이자를 지급받는다, ② 채권은 고정비율의 이자를 지급하기로 약속하는 증서이다, ③ 채권은 흔히 좀더 안전한 투자로 여겨진다, ④ 회사가 파산할 경우, 채권 소유자들은 우선주와 일반주 소유자들 다음에 변제받는다, ⑤ 주(州)나 지방 채권으로부터 채권자 소유가 받는 이자는 세금을 면제받는다. 이런 문제는 특히 답지를 먼저 자세히 읽은 다음, 본문의 채권(bonds)과 채권자(bondholders)에 대한 서술을 하나씩 확인해야 한다. 채권은 주식보다 우선 변제된다.

 블루칩스(Blue Chip Stocks)

원래 포커에서 blue chip이 red chip보다 10배 더 가치가 있는 데서 나온 말로, 재무구조가 튼튼하고 이자와 배당이 높은 역사가 오래된 기업의 일반(보통) 주식, 즉 우량주(優良株)를 'Blue Chip Stocks'라고 한다.

Tariffs 관세

Tariffs traditionally have had two main functions: to produce government revenue (income) and to protect domestic producers from foreign competition. Revenue tariffs are no longer an important source of income for most countries. Today the main purpose of a tariff is protective. It adds to the cost of foreign products and thus discourages imports in favor of locally produced goods.

Those who support protective tariffs contend that they safeguard domestic jobs and protect wage earners against the competition of workers in countries with lower wages. In addition, they argue, certain industries may become vital in case of war and should be protected in order to assure self-sufficiency.

Tariff opponents say that any advantages a country may receive from a protective tariff will only be temporary, and the results may actually be harmful rather than beneficial. For example, if country A reduces imports from country B by placing a tariff on them, country B will have less income with which to buy country A's products, and it might retaliate by raising tariffs on country A's exports.

This kind of economic warfare results in reducing the total amount of goods traded among nations. Most economists agree that tariffs usually lower the production rate of goods and the living standards of countries. Businesses suffer because they have fewer buyers, and consumers are hurt by having to pay higher prices for goods.

táriff *n.* 관세 révenue *n.* 수입(收入, income) doméstic *adj.* 국내의, 집안의 revenue tariffs 수입(收入)관세 protéctive *adj.* 보호의 discóurage *v.* 억제하다 in favor of ― ~을 위하여, ~에 유리하게 conténd *v.* 주장하다 sáfeguard *v.* 보호하다 (= protect) wage earner 임금 노동자 vítal *adj.* 절대 필요한, 중대한 in case of ― ~의 경우에 assúre *v.* 보장하다 self-sufficiency 자급자족 oppónent *n.* 반대자 témporary *adj.* 일시적인 retáliate *v.* 보복하다

1. According to the passage, which is the main purpose of a tariff today?

① competition ② protection
③ retaliation ④ self sufficiency
⑤ warfare

풀이 ① 경쟁 ② 보호 ③ 보복 ④ 자급자족 ⑤ 전쟁
'오늘날 관세의 주목적'(Today the main purpose of a tariff ...)은 첫 단락에 있다.

 관세 장벽(Tariff Barrier)
관세를 부과하거나 그 세율을 인상하여 수입이 감소되도록 유도하는 일

theme 16 Taxation 과세

1 A tax is a charge or duty imposed by a government on income or property. Tax money is used to pay the expense of government or for other public expenses. In countries that have a free-enterprise system of production, nearly all public services are paid for by revenue (income) from taxation.

Taxes differ in at least two ways from other funds collected by governments. When a tax is paid, the person paying the tax does not benefit directly. The taxpayer shares the benefits or services, such as public schools or sewer systems, with the community at large. When a non-tax payment is made to a government, the person paying it benefits directly. Good examples of non-tax payments are the fees that are paid for government documents, such as passports. Tax funds differ from non-tax funds in another way. A tax is compulsory—it must be paid. But an individual usually may decide whether or not to make a non-tax payment.

charge *n.* 부담금 impóse *v.* 부과하다 próperty *n.* 재산 free-enterprise system of production 자유 기업 생산체제 taxátion *n.* 과세 táxpayer *n.* 납세자 sewer system 하수도 체계 at large 널리, 크게, 대체로 non-tax payment 세금이 아닌 납부, 비과세 납부 fee *n.* 수수료, 비용 pássport *n.* 여권 fund *n.* 기금 compúlsory *adj.* 강제적인, 의무의

1. Which statement is <u>not</u> true about 'taxes' in this passage?

① An individual usually may decide whether or not to make a tax payment.
② A tax is a charge imposed by a government on income or property.
③ A tax is compulsory.
④ Tax money is used to pay the expense of government or for other public expenses.
⑤ When a tax is paid, the person paying the tax does not benefit directly.

풀이 ① 개인이 일반적으로 세금 납부를 할 것인지 말 것인지를 결정한다. ② 세금은 수입이나 재산에 대해 정부가 부과하는 부담금이다. ③ 세금은 강제적이다. ④ 세금은 정부 비용이나 기타 공공 비용을 조달하는 데 사용된다. ⑤ 세금이 납부될 때, 납세자는 직접 혜택을 보지 못한다.
우선 답지를 읽어보면 다른 하나를 알 수 있다. 개인이 선택하는 것은 세금이 아니다. 세금은 강제적이다.

과세 원칙(Principles of Taxation)

Adam Smith가 《국부론》(The Wealth of Nations 1776)에서 제시한 과세의 4원칙
① Equality(공평성) : 국민의 납세 능력에 비례하여 공평하게 과세한다.
② Certainty(확실성/투명성) : 과세는 합리적이고 일관되어야 한다. 징수의 시간과 방법, 부과액은 모든 사람에게 투명하여야 한다.
③ Convenience of payment(납세의 용이성) : 납세자가 가장 편리한 시간과 방법으로 징수되어야 한다.
④ Economy(경제성) : 정부의 징수 비용과 납세자의 납세 비용이 세수보다 적어야 한다. 정부의 이익보다 국민의 부담이 많아서는 안 된다.

Trade and Commerce 무역과 상업

1 Two developments in the 19th century brought a revolution in trading systems across the world. One was the development of railroads and steamships, which could carry goods rapidly from one place to another. The second was the perfection of heavy machinery, which could produce goods cheaply and quickly. Large factories were set up. Soon it was cheaper for goods to be manufactured by one factory and shipped to different localities than for each locality to take care of all its needs itself. Different regions came to specialize in producing different kinds of goods. Our modern system of trade and commerce is based on this specialization.

revolútion *n.* 혁명 trading system 무역 체제 stéamship *n.* 증기선 perféction *n.* 완비 machínery *n.* 기계류 set up 설립하다 locálity *n.* 지역

1. According to the passage, on which is the modern system of trade and commerce based?

① factories
② machinery
③ revolution
④ specialization
⑤ trading system

풀이 ① 공장 ② 기계류 ③ 혁명 ④ 전문화 ⑤ 무역 체제
'현대적 무역과 상업 체제의 기반'(modern system of trade and commerce is based on ...)은 마지막 문장에 있다.

 trade와 commerce의 어휘 비교
① trade *v.* (물물)교환하다 (= exchange, barter) *n.* 물물교환, 무역
② commerce *n.* 상업, commerce는 trade의 모든 면을 다 포함하는 말이다.

THEME ENGLISH READING

사회 Social Aspects

Adoption	01	입양
Birth Control	02	산아 제한
Blindness	03	시각 장애
Census	04	센서스
Computers	05	컴퓨터
Crimes	06	범죄
Deafness	07	청각 장애
Disabled People	08	장애인
Drug Abuse	09	약물 남용
Homeless People	10	집 없는 사람들
Immigration	11	이민
Labor Movement	12	노동 운동
Old Age	13	노년
Poverty	14	가난
Racism	15	인종차별주의
Refugees	16	난민
Right to Die	17	사망 권리
Sexism	18	성차별주의
Social Security	19	사회보장
Social Work	20	사회사업
Sociology	21	사회학
Surrogate Mother	22	대리모
Terrorism	23	테러리즘
Unemployment	24	실직
U.S. Civil Rights Movement	25	미국의 인권 운동
Public Welfare	26	공공 복지
Women's Rights Movement	27	여성 운동

theme 01 Adoption 입양

1 In most countries children are <u>brought up</u> in families that are made up of a father, a mother, and the children born to them. Some birth parents, however, cannot give the love and care that every child needs. They are often very young and unmarried. They did not think ahead of time about the responsibilities of being parents. These parents may decide, after much sorrow, to give up their child for adoption. They want the child to have a chance to grow up in a family that can provide love and security.

Other children may lose their parents by death, accident, illness, war, or some other disaster. Sometimes parents with serious personal problems neglect or abandon a child. Children may be left for a long time in temporary foster homes or institutions. Then it may become clear that their parents will never be able to take them home. In all these cases someone other than the parents has to decide that adoption will be best for the child.

Families have to be found for children who no longer have parents to care for them. There are many childless people who wish to adopt. They have a great desire to love and bring up a child and to have a child who loves them. Also, some parents who already have children want to share their love and family life with another child who needs parents.

---

bring up 기르다 be made up of — ~로 구성되다 birth parents 낳은 부모 ahéad of time 미리, 시간 전에 sórrow *n.* 슬픔 adóption *n.* 입양 adópt *v.* 입양하다 secúrity *n.* 안전 disáster *n.* 재난 negléct *v.* 소홀히 하다 abándon *v.* 버리다, 포기하다 témporary *adj.* 임시의 fóster *adj.* 양육의 institution *n.* 기관 other than — ~외에 no longer 더 이상 ~아닌 share *v.* 나누어 가지다, 공유하다

1. This passage mainly discusses

① adoption. ② children.
③ family.   ④ love.
⑤ parents.

2. The underlined word <u>brought up</u> is <u>not</u> replaced by

① breeded.   ② cultivated.
③ fostered. ④ nurtured.
⑤ initiated.

Adoption 입양

풀이 1. ① 입양 ② 어린이들 ③ 가족 ④ 사랑 ⑤ 부모
'adoption'은 이 글의 주제어이기도 하다. 이 글은 'adoption'에 대해 설명하고 있다.
2. bring up 기르다, 양육하다 (= breed, cultivate, foster, nurture)

 요람에서 무덤까지(From the cradle to the grave)
1944년 영국 노동당 정부가 본격적으로 실시한 사회보장제도의 이상을 표현하는 슬로건이었다. 2차 세계대전이 민주국가들의 승리로 끝나면서 각국의 민중들 사이에 혁명적인 사회 분위기가 조성되는 가운데 집권한 노동당 정권은 자본주의 체제가 안고 있는 모순과 질병이 부(富)의 재분배를 통하여 수정되고 치유될 수 있으리라는 낙관적인 신념을 가졌다. 그러나 오늘날 이러한 신념과 슬로건은 영국과 유럽 사회에서 상당히 퇴색한 상태이다.

theme 02 Birth Control 산아 제한

1 Widespread use of birth control is becoming more important worldwide every year. The world now has more than 6 billion people, and the number is increasing rapidly, especially in the poor underdeveloped countries. Different countries support birth control in different ways. In Europe and the United States, many birth control methods are readily and legally available. In China, rigid laws control family size. In India, vigorous efforts are being made to make birth control available to millions of people. Family planning is also being taught by satellite television in many remote areas.

Not everyone favors the use of birth control, however. The Roman Catholic Church forbids artificial methods of birth control, believing that sexual love in marriage should never be separated from the possibility of conception. Only abstinence (refraining from sexual intercourse) or the rhythm method of family planning are considered acceptable. Some people fear that governments may impose birth control in order to obtain political control over their people. Others charge that teaching birth control encourages people to have sex before marriage—an idea that is not supported by scientific evidence.

wídespread *adj.* 광범위한, 널리 퍼진 birth control 산아 제한 underdeveloped countries 저개발 국가 légally *adv.* 합법적으로 rígid *adj.* 엄격한 vígorous *adj.* 강력한, 격렬한 made an effort 노력하다 family planning 가족 계획 sátellite *n.* (인공)위성 remóte *adj.* 멀리 떨어진 fávor *v.* 찬성하다, 좋게 생각하다 forbíd *v.* 금지하다(forbid-forbade-forbidden) ártificial *adj.* 인공의 márriage *n.* 결혼(생활) séparate *v.* 분리하다 possibílity *n.* 가능성 concéption *n.* 임신(=pregnancy) bstinence *n.* 금욕 refráining *n.* 삼가함 séxual intercóurse 성교 rhythm method 주기(피임)법 accéptable *adj.* 수용하는, 받아들일 수 있는 impóse *v.* 강요하다, 부과하다 political control 정치적 통제 charge *v.* 주장하다 encóurage *v.* 격려하다, 부추기다 sex before marriage 혼전성교 scientífic évidence 과학적 증거

1. Which of the following countries does <u>not</u> favor the use of birth control?

① China
② Europe
③ India
④ United States
⑤ Vatican

풀이 산아 제한에 호의적이지 않은 곳은 둘째 단락에 있는 로마 카톨릭 교회이다.

Birth Control 산아 제한　02 *theme*

 오나니(Onanism)

구약에 기록된 이야기로, '야곱'에서 가장의 상속을 받은 것은 열두 아들 가운데 '유다'였고, 유다의 장남 '엘'은 일찍 죽었다. 그래서 '유다'는 첫째 며느리인 '다말'을 차남인 '오난'(Onan)과 짝지어 준다. 그런데 가장 상속권 문제가 미묘해졌다. 장남이 죽었으니 가장권은 당연히 차남 오난에게로 상속되지만, 장남의 아내였던 다말이 아들을 낳으면 그 아들에게 상속권이 넘어가게 되었다. 그러나 오난은 상속권이 자식에게로 넘어가는 것을 우려하여 다말과 자식을 낳지 않으려고 애썼다. 매력적인 다말과 잠자리를 같이 하여도 원시적인 피임법인 질외 사정으로 마무리하곤 하였다. 그래서 오난은 인류 최초로 '자위행위'(masturbation)를 한 사람으로 기록되게 되었다. 그러나 다말은 꾀를 부려 시아버지인 유다와 잠자리를 하고는 아들을 낳아 기어이 가장 후계자로 만든다.

theme 03 Blindness 시각 장애

1 If you see a blind person who seems to need help, offer your assistance. Tell the person who you are. If the person says that help is not needed, believe it and simply go on your way.

If the person accepts your help, let him or her take your arm at the elbow. When you lead a blind person, you should always walk slightly in front. If a blind person is using a guide dog, do not pet or distract the animal. The guide dog is a working dog and is not a pet.

Do not be afraid to use words like 'see' and 'look.' Such words do not make blind people uncomfortable. If a person is blind, that does not mean he or she cannot hear. Remember to speak in a normal tone of voice.

When you leave a blind person, tell him or her that you are leaving. Let the person know that you may meet again. "See you soon!"

blind person 시각 장애인, 맹인 assístance *n.* 도움, 보조 élbow *n.* 팔꿈치 slightly *adv.* 약간 walk slightly in front 약간 앞서 걷다 guide dog 맹도견 pet *v.* 애무하다 *n.* 애완 동물 distráct *v.* 주의를 흩뜨리다, 산만하게 하다 uncómfortable *adj.* 불편한

1. Which of the following is <u>not</u> mentioned as your manners when you see a blind person?

① When you lead him or her, you should always walk slightly in front.
② If he or she is using a guide dog, do not pet or distract the animal.
③ Do not be afraid to use words like 'see' and 'look.'
④ Remember to speak in a high tone of voice.
⑤ When you leave the person, tell him or her that you are leaving.

풀이 ① 그 사람을 인도할 때는 항상 약간 앞서 걷는다. ② 그 사람이 맹도견을 부릴 때는, 개를 애무하거나 주의를 산만하게 하지 마라. ③ '보세요' 같은 말의 사용을 겁내지 마라. ④ 높은 톤의 목소리로 말하는 것을 명심하라. ⑤ 그 사람을 떠날 때는, 떠난다고 말해라.
글 전체에서 주의 사항들을 찾아 한 가지씩 확인한다. 장애인은 정상적으로 대하는 것이 일반적으로 좋다.

 시각 장애의 원인

① 시각의 장애로 인한 실명
② 각종 사고로 인한 실명
③ 각종 질병으로 인한 실명 : 백내장, 녹내장, 당뇨병, 안구건조증 등의 질병으로 인한 실명

Blindness 시각 장애

The first school for children who were blind was founded in France in 1784 by Valentin Hauy. By 1833 there were three special schools for blind children in the United States. Public schools began to educate blind children in the early 1900's. Today, about 90 percent of all the children in the United States who are blind or visually impaired are educated in their neighborhood or community schools. Blind and visually impaired children must learn the special skills needed by people without sight. They also must learn basic concepts in special ways. Because so much of what we learn is through observation, visually impaired children need a great deal of hands-on experience. Concepts such as up and down, streets, rainbows, clouds, and stars are meaningless words unless taught with models or accurate verbal descriptions.

Any career that does not depend on sight is open to a blind or visually impaired person. People without sight can become teachers, farmers, computer programmers, government workers, accountants, or lawyers. Young people can work at jobs such as delivering newspapers, counseling children at summer camp, and serving food at fast food restaurants.

found v. 설립하다 public school 공립학교 vísually adv. 시각적으로 impáir v. 해치다, 손상하다 concépt n. 개념 observátion n. 관찰 hands-on 손을 만지는, 촉각의 expérience n. 경험 méaningless adj. 의미가 없는 áccurate adj. 정확한 vérbal adj. 언어적인, 말로 하는 descríption n. 설명, 묘사 caréer n. 직업(= occupation, job) government workers 공무원 accóuntant n. 회계사 delíver v. 배달하다

1. When did the public schools begin to educate blind children in the United States?

　　① in 1784　　　　　　　　② in the early 1800
　　③ in 1833　　　　　　　　④ in 1890
　　⑤ in the early 1900

　　풀이 미국(United States)의 공립학교(public school)를 찾으면 답을 확인할 수 있다.

 말하는 책(Talking books)

시각 장애인들을 위한 책은 '점자책'(braille books)과 '말하는 책'(talking books)이라고 하는 '녹음 자료'(long-playing recordings of books)가 있다. 세계 최대의 점자책 생산처는 미국 켄터키주 Louisville에 있는 'American Printing House for the Blind'(미국 시각 장애인 인쇄소)이다. 세계적으로 매년 수많은 책들이 점자화되고 말하는 책으로 녹음된다.

theme 04 Census 센서스

1 The 1990 population census was taken chiefly by mail. Five out of every six households received a census form to be filled out and mailed back. This form asked seven questions about every person in the household (such as age, sex, married or single, race), as well as seven additional questions about the house or apartment (number of rooms, type of dwelling, properly value). Every sixth household received a longer, more detailed questionnaire. These forms also were to be filled out and mailed back. If the form was not returned or was not filled out properly, an employee of the Bureau of the Census, called a census enumerator, visited the household to gather the needed information.

In rural areas, the shorter forms were delivered by postal carriers and picked up by census enumerators. Every sixth household was then asked the questions on the longer form.

Questionnaires from the census offices all over the nation were collected for microfilming (photographing on very small film). The microfilm was converted into magnetic tape. This was fed into computers, which then produced the information desired, without revealing the identity of any of the respondents.

cénsus *n.* 통계조사, 인구조사 five out of every six households 여섯 가정 가운데 다섯 census form 조사 설문지 fill out 작성하다 mail back 우편으로 반송하다 race *n.* 인종 additional *adj.* 추가적인 dwélling *n.* 주거 válue *n.* 가치, 가격 détailed *adj.* 자세한, 상세한 quéstionnaire *n.* 조사표, 질의서 enúmerator *n.* (센서스의) 호별 방문 조사원 gather *v.* 수집하다 rúral *adj.* 시골의 delíver *v.* 배달하다 postal cárrier 우편배달부 pick up 수거하다 mícrofilming 마이크로필름에 담는 작업 convért *v.* 변조하다, 변환하다(= change) be converted into ~ ~로 변환되다 magnétic *adj.* 마그네틱, 자석의 be fed into ~ ~에 입력되다, 저장되다 revéal *v.* 노출시키다 idéntity *n.* 신분 respóndent *n.* 응답자, 수신자

1. Recently, the population census in the U.S. was taken chiefly by which of the following?

① computer
② facsimile
③ mail
④ telephone
⑤ visiting

풀이 ① 컴퓨터 ② 팩스 ③ 우편 ④ 전화 ⑤ 방문
첫 문장에 바로 그 방법이 나와 있다.

Census 센서스 04 theme

 갤럽 여론조사(Gallup Polls)

G. H. Gallup이 1935년 프린스턴 대학에 설립한 '미국 여론 연구소'(American Institute of Public Opinion)의 여론조사를 말한다. 대통령 선거의 예상, 대통령의 인기도, 책이나 영화, 영화배우 등 많은 주제에 대한 여론을 조사하여 발표한다.

theme 05 Computers 컴퓨터

Computers have changed society in many ways. Vast amounts of information are available to anyone who has a computer and a modem. New tasks can be accomplished and people can communicate in ways never thought possible. Along with the benefits, however, come some new problems.

While the vast amounts of information in computer databases can be beneficial, such databases also contain the potential for the abuse of individuals' rights and privacy. For example, many databases contain what is considered private information about individuals, such as health, employment, or financial records.

An entire series of problems involves tampering with software or information. One problem is the development of 'viruses,' which are programs that can destroy data or damage computer operating systems. Another problem involves breaking into computer systems electronically and then stealing or destroying data. A third problem concerns the illegal copying of copyrighted software, thus depriving software designers and producers of income. A fourth problem is the alteration of information for the purpose of deception, such as using the computer to manipulate voices, pictures, and animation in ways that change their original content.

Another significant problem is the loss of jobs through computerization. Since the 1980's, many jobs have been assigned to computers and robots, and the number of new jobs created by the computer industry has not equaled those lost.

accómplish v. 완수하다 bénefit n. 이익, 혜택 benefícial adj. 유익한 poténtial n. 잠재성, 가능성 abúse n. 남용, 무단 이용 emplóyment n. 직장, 고용 fináncial récord 재정적인 기록, 재산기록 támper v. ~에 장난을 치다(— with), 해를 입히다 break into — ~에 침입하다 electrónically adv. 전자식으로, 전자 회로로 concérn v. 관련하다 illégal adj. 불법적인 cópyrighted adj. 저작권이 있는 depríve — of — ~에게서 ~을 빼앗다 íncome n. 수입 alterátion n. 변경 for the púrpose of — ~을(할) 목적으로 decéption n. 사기 (cf. deceive v. 속이다) manípulate v. 조작하다 cóntent n. 내용, 내용물 signíficant adj. 중요한 assígn v. 맡기다 not equaled those lost 잃어 버린 일자리에 미치지 못하다

1. According to the passage, which of the following is <u>not</u> involved in the problems that tamper with computer software or information?

① It contains breaking into computer systems electronically and destroying data.
② It contains the development of viruses.
③ It concerns the illegal copying of copyrighted software.
④ It contains the potential for the abuse of individuals' rights and privacy.

Computers 컴퓨터 05 theme

풀이 ① 전자 회로로 컴퓨터 시스템에 침입하여 데이터를 파괴하는 것 ② 바이러스를 개발하는 것 ③ 저작권이 있는 소프트웨어를 불법으로 복제하는 것 ④ 개인의 권리와 프라이버시를 남용할 잠재성
'컴퓨터 소프트웨어나 정보에 해를 입히는 문제들'은 셋째 단락에 모두 열거되어 있다. 하나씩 확인한다.

 정보 공해

사회의 정보화가 가속화되면서 초래되는 각종 공해를 말한다. 프라이버시 침해, 인간 소외의 심화, 중앙집권제에 의한 전체주의 대두 위험성 등 몇 가지로 분류된다. 첫째, 정보의 전달 수단이 너무 발달하면 의식, 무의식을 불문하고 프라이버시가 침해될 소지가 많다. 둘째, 정보량이 너무 많아지면 일반 대중은 정보의 홍수 속에 말려들어 개성을 잃고 소외되기 마련이다. 셋째, 중앙집중 관리체제가 쉬워지므로 전체주의가 대두될 위험이 높아진다.

Computers 컴퓨터

2 A number of trends may combine to change the nature of the home. Interactive computer games now add a new dimension to the kind of entertainment available to people in their homes. In the future, it may be a place in which a central computer might control electronic appliances and robotic devices so that they could function and do household chores even while residents were away. Voice commands could even be given over the telephone to change instructions. Many people also work at home today, communicating with their offices or clients through computers connected to modems, and this trend is likely to continue.

As computers become more common, such changes will no doubt accelerate. People need to gain a good understanding of computers to prepare themselves for those changes that will influence their lives in the future.

trend *n.* 풍조, 경향 interáctive *adj.* 상호 작용하는, 대화식의 diménsion *n.* 차원 entertáinment *n.* 오락, 연예 applíance *n.* 응용물, 기구, 장치 electrónic applíance 전자 제품 device *n.* 기계장치 function *v.* 작용하다, 기능을 하다 chores *n.* 잡일, 일상 적인 일 do household chores 집안 일을 하다 résident *n.* 식구, 주민 be away 외출 중인 command *n.* 명령 instruction *n.* 지시 client *n.* 고객 accélerate *v.* 가속되다 gain a good understanding of ~ ~을 아주 잘 알다 ínfluence *v.* 영향을 미치다

1. Which of the following is the best title for the passage?

① Central Computers
② Changes of Home Environments
③ A Good Understanding of Computers
④ Kinds of Home Entertainment
⑤ The Nature of Home

풀이 ① 중앙 컴퓨터 ② 가정 환경의 변화 ③ 컴퓨터 잘 알기 ④ 가정 오락의 종류 ⑤ 가정의 본질
주제문인 첫 문장에서 유추할 수 있듯이 '변화된 가정과 그 환경'을 서술하고 있다.

정보화 사회(Information Society)

공업 사회 다음에 오는, 정보를 중심으로 하여 운영되는 사회를 말한다. '탈공업 사회', '문명후 사회'라는 말로도 일컫는다. 종래의 '농업화 사회'와 '공업화 사회'에서는 가치를 생산하는 데에 물질과 에너지가 가장 중요한 자원이 었으나, 정보화 사회에서는 정보가 가장 중요한 자원이 된다. 사회의 산업 구조도 제조업 중심에서 정보산업, 두뇌 산업 중심으로 바뀐다. 오일쇼크 이후 사람들이 물질적 자원의 유한성을 깨달은 뒤로 정보화 사회의 개념을 널리 거론하게 되었다. 일반적으로 컴퓨터 네트워크가 완비된 사회를 가리킨다.

Crimes 범죄

06 theme

No one knows exactly what causes crime. It may be that different forms of crime have different causes. For example, a person who becomes angry during an argument and attacks another person is probably not influenced by the same motives that lead a bank teller to steal from a bank.

Some scientists think that the causes of crime are physical, or biological. This is a very old point of view. Researchers once believed that people who committed crimes were different from other people in such things as their body builds or the shapes of their heads. Most modern scientists reject this theory.

Other scientists think that the causes of crime are social. They attach importance to such things as poverty, unemployment, and poor housing. Lack of education or job training and a broken home are among factors that these researchers believe may lead to crime.

Still other scientists believe that the causes of crime are largely psychological. They view the criminal as someone driven by mental forces — often thought to be beyond the criminal's control. In this theory, crime is viewed as a symptom of some problem—fear, or perhaps anger—that has led to mental illness.

críminal *n.* 범인 árgument *n.* 논쟁 ínfluence *v.* 영향을 주다 mótive *n.* 동기, 원인 bank teller 은행 출납원(= bank clerk) phýsical *adj.* 물리적인 biológical *adj.* 생물학적인 point of view 관점 reséarcher *n.* 연구원, 학자 commít *v.* 일을 저지르다 body build 신체 조건 rejéct *v.* 거절하다 théory *n.* 이론 attách *v.* 붙이다 povérty *n.* 가난 unemplóyment *n.* 실업 poor housing 열악한 주거 broken home 파탄 가정 psychológical *adj.* 심리적인 mental force 정신적인 힘 symptom *n.* 증후군, 증상

1. Which of the following is <u>not</u> involved in the causes of crime?

① biological
② historical
③ physical
④ psychological
⑤ social

풀이 ① 생물학적 ② 역사적 ③ 물리적 ④ 심리적 ⑤ 사회적
각 단락의 주제문인 첫 문장들을 보면 그 (범죄의) 원인들이 먼저 제시되어 있다.

 거짓말 탐지기(Polygraph)

자각 증세와 심적 변화에 따른 자율 신경계의 각종 반응을 이용하여 피의자 진술의 진위성을 판별하는 장치이다. 호흡파나 피부 전기 반사 또는 심맥파(혈압맥박파)를 동시에 기록하는 장치를 폴리그래프(polygraph)라고 하는데, 거짓말 탐지기도 이것의 하나이다. 고의로 거짓말을 할 때 발각될 염려 때문에, 억누를 수 없는 신체적 변화(호흡, 피부 전기 반사, 혈압, 맥박 등)가 일어나는데, 폴리그래프는 이 같은 변화를 기록한다.

거짓말 탐지기는 거짓말을 하였을 때 이외의 생리적 변화도 기록하므로, 거짓말을 발견하기 위해서는 '복잡한 기술'(질문의 구성, 기록의 분석과 해석)이 필요하다. 특히 미국에 많이 보급되어 있으며 범죄 수사 외에도 입사시험, 직장 내의 부정 발견 등에 이용된다.

theme 06 Crimes 범죄

2 There are many things that people can do to lessen the chances that they will become the victims of crime. For example, people learn which types of locks are most secure. They are urged to record the serial numbers of television sets, stereo equipment, and other possessions to improve the chances of recovering these things if they are stolen.

In many areas, people use citizens-band radio equipment to report suspicious situations to the people. People living in the same neighborhood may organize a 'neighborhood watch' to guard one another's homes. Special police programs help groups such as the elderly to guard themselves _____ crime. These measures make people more aware that the prevention of crime is everybody's business, not just a matter for the police.

léssen v. 줄이다 lock n. 자물통 secúre adj. 안전한(= safe) úrge v. 촉구하다 serial number 제품번호 posséssions n. 소유물 recóver v. 되찾다, 회복하다 citizen band 시민 밴드. 개인용 주파수대 또는 그 라디오 suspícious adj. 수상한 situation n. 상황 neighborhood watch 자경단(自警團) the élderly 노인들 méasure n. 조처, 수단

1. Which of the following is <u>not</u> the citizen's measure to prevent a crime?

① Secure locks
② Recording of serial numbers of possessions
③ Citizens-band radio equipment
④ Neighborhood watch
⑤ Special police programs

2. What is the best word for the blank?

① for
② to
③ with
④ against
⑤ without

풀이 1. ① 안전한 자물쇠 ② 소유물의 물품 번호 기록 ③ 개인용 주파수대 라디오 장비 ④ 자경단 ⑤ 특수경찰 프로그램
특수경찰 프로그램은 시민들 가운데 노인들을 돕고 있다. 둘째 단락에 나와 있다.
2. '대항'의 의미를 가진 전치사를 찾을 것.

지문(指紋, finger prints)

지문은 활 모양의 궁상문, 말굽 모양 무늬의 제상문, 소용돌이 무늬의 와상문, 이상 세 가지가 복합된 변태문으로 크게 나뉜다. 한국인의 지문 분포는 와상문이 45%, 제상문이 40%, 궁상문이 15%이며 변태문은 드물다. 지문은 평생 불변하며 모든 사람이 각기 다르므로 범죄 수사의 개인 식별에 이용되고 있다. 지문은 유전성 형질이어서 유전학, 인류학적 연구 대상이기도 하다.

Deafness 청각 장애 07 theme

1 Many deaf people learn to read lips, or speechread. This form of communication can be difficult because only about 30 percent of speech can be distinguished on the lips. People who have good speechreading skills memorize lip movements and tongue positioning. They use <u>these cues</u> to assist them in understanding what is being said.

The speech of deaf people may sound unusual, but there is nothing wrong with deaf people's voices. What makes speech sound normal is the fact that you constantly adjust your voice through your sense of hearing. Your ears tell you if you are talking too loudly or too softly. When you hear other people pronounce words, you learn what they are supposed to sound like. Through your hearing, you listen to your voice and make your speech sound like that of people around you. A person who cannot hear lacks this advantage and cannot monitor his or her speech. But many deaf people memorize how to form words correctly and do speak well. How clearly a person speaks has nothing to do with intelligence. It only has to do with the sense of hearing.

deaf people 청각 장애인 spéechreading n. 독순법(讀脣法), 입술 읽기(= lip reading) distínguish v. 구별하다 cue n. 신호 cónstantly adv. 끊임없이 adjúst v. 조정하다 be suppósed to do ~하기로 되어 있는, 예정된 lack v. ~을 결여하다, 없다 mónitor v. 감시하다 have nothing to do with ~ ~와는 아무 상관이 없다 have to do with ~ ~와 관계가 있다

1. 이 글에서 말하는 'speechreading'과 같은 뜻을 다음에서 찾으시오.

　　① intelligence　　　　　② lip reading
　　③ sense of hearing　　　④ speech of the deaf
　　⑤ speech monitoring

2. The underlined phrase <u>these cues</u> refers to?

　　① many languages.
　　② speech sounds.
　　③ your voice and gesture.
　　④ lip movements and tongue positioning.
　　⑤ words and body language.

Deafness 청각 장애

풀이 1. ① 지성 ② 입술 읽기 ③ 청각 ④ 청각 장애인들의 말 ⑤ 말 모니터
첫 단락에서 'speechreading'의 개념을 바로 설명하고 있다.
2. ① 많은 언어들 ② 발성 ③ 목소리와 몸짓 ④ 입술의 움직임과 혀의 위치 ⑤ 단어와 몸짓언어

 청각 장애의 원인

1. 출생 장애(birth defects) : 임신중 질병을 앓거나 약을 잘못 복용할 경우에 태아의 청각 손상이 가능하다.
2. 사고(injury)와 소음(noise) : 사고나 지나친 소음이 청각을 잃게 하기도 한다.
3. 질병(disease) : 어릴 때 홍역이나 볼거리, 수두 등의 질병을 앓고 청각을 잃기도 한다.
4. 유전(heredity) : 청각 장애 부모가 청각 장애 자녀를 낳을 확률이 높다.
5. 노령(aging) : 노인성 난청

Disabled People 장애인

08 theme

Thirty years ago it was rare for severely disabled people to have full-time jobs. Today many disabled people support themselves and their families.

In years past, deaf people applying for jobs were told, "You can't use the telephone, so we can't hire you." Today deaf people can show that, with the help of TDD's, they can use the telephone as well as anyone. Blind people were once told, "You can't keep up with the paperwork." Today blind people can use computers to read anything. Physically disabled people were once denied jobs because employers believed they could not get to the workplace. Today motorized wheelchairs, buses equipped with special lifts, and other devices help these people get from their homes to their jobs. Some even work from home, writing with computers and sending the information they produce to their employers over telephone lines. With education, job training, and modern technology, disabled individuals can do almost any job their abilities and interests lead them to try. In fact, it is becoming difficult to identify jobs that disabled people cannot do.

sevérely disábled people 중증 장애인들 suppórt v. 부양하다 apply for - ~에 응모하다, 지원하다 hire v. 고용하다
TDD (Telecommunications Devices for the Deaf) 장애인용 통신 장치 keep up with - ~에 뒤떨어지지 않다, 따라가다
páperwork 서류 작성 physically disabled people 지체 장애인들 deny v. 부인하다, 거부하다 wórkplace n. 직장, 일터
lift n. 승강기 emplóyer n. 고용주 (opp. employée n. 고용인, 직원)

1. Which of the following does <u>not</u> help employ the disabled people?

① buses equipped with special lifts ② computers
③ elevators ④ motorized wheelchairs
⑤ TDD's

풀이 ① 특수 승강기 장착 버스 ② 컴퓨터 ③ 엘리베이터 ④ 모터 달린 휠체어 ⑤ 장애인용 통신 장치
이 문제는 답지만 보고 상식적으로 생각해도 된다. 둘째 단락에 청각, 시각, 지체 장애자 순서로 고용에 도움을 주는 장비들이 서술되어 있다.

 정서 장애

신체적, 지적인 면에서는 뚜렷한 지체나 질환이 없는데도 언어, 식사, 배설 등에 편벽이 있거나 또는 신경증적, 반사회적 행동을 상습으로 하는 것을 말한다. 이것은 희로애락으로 표현되는 정서의 미숙이나 갈등에서 오는 상습적인 행동 이상으로서, 학교에 가기를 싫어하거나, 특정 장소에 가면 말을 하지 않거나, 야뇨증, 요실금, 식욕부진 등이 있다. 어린이들의 자폐증도 포함된다.

theme 08 Disabled People 장애인

2 Despite all this progress, the fact remains that most disabled people do not have full-time jobs. There are still barriers that keep them from obtaining employment.

The most obvious barriers are physical ones. Some of the new aids and devices are expensive—a financial barrier. Not every blind person, for example, can afford a talking computer. Physical barriers include flights of stairs, curbs, doorways too narrow to permit a wheelchair to pass. People are removing these barriers slowly. As new buildings replace older ones, they are designed to be free of barriers. But it is expensive to remove existing barriers, and for this reason the process is a slow one. So it is still true that many physically disabled people have difficulty getting to and from work.

Less obvious are attitude barriers. There are still many employers and school administrators who do not believe that disabled people can perform jobs or attend classes. This attitude is as forbidding a barrier as a solid wall, and it stops many disabled people from supporting themselves. When more people learn to look at what disabled people can do, rather than what they cannot do, more disabled people will be helped.

despite ~에도 불구하고 bárrier n. 장벽 keep – from – ing ~가 ~을 하지 못하게 하다 obtáin v. 얻다, 구하다 óbvious adj. 뚜렷한 aid n. 보조기구 devíce n. 기계장치 affórd v. ~을 허용하다, 구입하다 flight n. (계단) 오르기 stairs n. 계단 dóorway n. 문간 nárrow adj. 좁은 remóve v. 제거하다 repláce v. 대체하다 get to and from work 직장을 오가다 administrator n. 행정 담당자 forbídding adj. 무서운, 가까이 하기 힘든 stop – from – ing ~가 ~을 하지 못하게 하다

1. Which of the following is the most obvious barriers that keep the disabled people from being employed?

① academic barriers ② attitude barriers
③ financial barriers ④ physical barriers
⑤ psychological barriers

풀이 ① 학문적인 장벽 ② 태도의 장벽 ③ 재정적 장벽 ④ 물질적 장벽 ⑤ 심리적 장벽
'가장 뚜렷한 장벽'(The most obvious barriers)은 둘째 단락에 등장하고 있다.

 호스피스(Hospice)

죽음에 임박한 사람들이 마지막 날들을 편안한 환경에서 고통 없이 보낼 수 있도록 신체적, 정서적으로 보살펴 주는 제도 또는 장소를 가리킨다. 서양에서는 중세 때도 있었으나, 1967년에 설립된 영국 런던의 '성 크리스토퍼 호스피스'(St. Christopher's Hospice)가 최초였다. 호스피스는 가족과 본인에게 심리적인 안정을 주기도 하는데, 미국에서는 환자의 임종 3~6개월 전부터 맡는 것으로 되어 있다.

Drug Abuse 약물 남용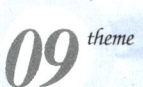

In recent years drug abuse has been increasing at a rapid rate in the United States and throughout the world. The practice occurs most among young people who are looking for new <u>sensations</u> or who hope that drugs will increase their mental functioning or their ability to understand themselves.

Some young people begin to take drugs while they are still in elementary school, particularly if their friends have persuaded them to do so. During high school and early in college, more and more people try drugs. By the middle of their college years, most of this group realize that the practice is dangerous. Most young people who try drugs soon stop, but some find that they cannot, even if they want to. Even among pre-teenagers, drug use (especially alcohol use) is now a problem.

Sometimes people use a doctor's prescription for a drug unwisely. A person takes too much of the drug or fails to check with the doctor about stopping its use. But very often one person introduces another to drug abuse. The newcomer, in turn, introduces others to drugs. In this way, more and more people, unaware of the dangers of drugs, begin to take them. This is the situation today.

drug abúse 약물 남용 at a rapid rate 급속도로 práctice *n.* 실제, 습관 sensátion *n.* 감각, 느낌 élementary school 초등학교 persúade *v.* 설득하다, 권하다 pre-teenagers 사춘기 직전의 어린이들. 10~12세 unwísely *adv.* 현명하지 못하게 check with the doctor 의사의 제지 in turn 차례로, 교대로 unawáre of ― ~을 깨닫지 못하고

1. 이 글의 제목으로 가장 알맞은 것을 다음에서 고르시오.

① The Dangers of Drugs
② Doctor's Prescription for a Drug
③ Introducing Others to Drugs
④ Stopping Drug Use
⑤ Today's Situation of Drug Abuse

2. The underlined word <u>sensations</u> is replaced by

① excitement.
② affection.
③ affectation.
④ success.
⑤ belief.

Drug Abuse 약물 남용

풀이 1. ① 약물의 위험성 ② 약에 대한 의사의 처방 ③ 다른 사람에게 약물 소개하기 ④ 약물 끊기
⑤ 오늘날의 약물 남용 상황
도입 문장인 첫 문장과 결론인 마지막 문장을 보면 알 수 있다.
2. ① 흥분 ② 애정 ③ 꾸밈 ④ 성공 ⑤ 믿음

 약물(abused drugs)의 종류
Marijuana(마리화나) Cocaine(코카인) Stimulants(흥분제) Caffeine(카페인) Depressants(진정제)
Hallucinogenic Drugs(환각제) Angel Dust(합성 헤로인) Heroine(헤로인) Vapors(각종 가스)

Homeless People 집 없는 사람들

1 Homeless people are those too poor or otherwise unable to live in permanent shelter. Many homeless people live in the streets of large cities, taking meals and shelter wherever they can find them. Churches and community groups help many people, but the number of homeless has grown faster than shelters can be opened. Among the many complex causes of the rise in homelessness are the lack of low-cost rental housing, increased drug abuse, and the policy of releasing mental patients from institutions.

hómeless *adj.* 집이 없는 shelter *n.* 주거지, 안식처 rental housing 임대 주택 reléase *v.* 내보내다, 방출하다 méntal pátient 정신 질환자 institútion *n.* 기관. 여기서는 정신병원이나 요양원 등이다.

1. Which of the following is <u>not</u> stated in the passage as the causes of the rise in homelessness?

　　① Help from churches and community groups
　　② Increased drug
　　③ The lack of low-cost rental housing
　　④ The policy of releasing mental patients from institutions

　풀이　① 교회와 지역사회 단체들의 도움 ② 증가된 약물 ③ 적은 비용의 임대 주택 결여 ④ 기관들에서 정신 질환자들을 방출하는 정책
　　　　'homelessness'의 증가 원인은 글의 마지막 문장에 서술되어 있다.

 복합핵가족

　　이혼이 많은 미국에서 자식의 양육을 위해서 이혼 후에도 가족 관계가 지속되는 것을 지칭한 말이다. 복합핵가족은 4가지 유형으로 분류되었다.
　　① 이혼한 부부가 형제처럼 사이 좋게 자주 만나 아이들의 양육을 교대로 맡는 '완전한 동료'
　　② 아이들 문제에 대해 서로 협력하는 '협조적인 경우'
　　③ 화는 나지만 아이들을 공동 양육하는 타입
　　④ 불구 대천의 원수와 같아 일체 마주치지 않으며 아이들을 통해서만 연락이 되는 타입

Immigration 이민

1 Immigration is the voluntary movement of people from one country to another, usually with the aim of permanent settlement in the <u>adopted</u> country. A closely related term, emigration, refers to movement out of a country. Thus, when people depart from their homelands for new homes elsewhere, they are said to be emigrants. Once they arrive in their new countries, they are known as immigrants. People who flee their countries because of an immediate threat to their safety are usually referred to as refugees, since they seek refuge in other lands.

Immigration is one form of the broader movement of people called migration. Migration is as old as humanity itself. In prehistoric times, when humans lived largely by hunting, groups of people migrated, or moved from place to place, following the animals on which their existence depended. Even when settled communities based on farming developed, people continued this pattern of movement, for overpopulation, crop failure, or the pressure of neighboring peoples frequently made it necessary to cultivate new lands.

immigrátion *n.* 이민 (들어옴) (*cf.* ímmigrant *n.* 이주자) emigrátion *n.* 이민 (나감) (*cf.* émigrant *n.* 이민자) vóluntary *adj.* 임의의 séttlement *n.* 정착 adópt *v.* 선택하다, 입양하다 adopted country 선택한 나라 depárt *v.* 떠나다 flee *v.* 도망하다 immédiate *adj.* 즉각적인 réfugee *n.* 난민 réfuge *n.* 피난처 migrátion *n.* 이주, 이동(= movement) mígrate *v.* 이동하다(= move) overpopulátion *n.* 인구과잉 crop fáilure 흉작 préssure *n.* 압력 cúltivate *v.* 경작하다, 개간하다

1. According to the passage, why did people move?

① To be a traveler
② To cultivate new lands
③ To develop farming
④ To follow the animals
⑤ To seek refuge

2. The underlined word <u>adopted</u> is replaced by

① appropriate.
② consented.
③ pretended.
④ selected.
⑤ fostered.

Immigration 이민

풀이 1. ① 여행자가 되려고 ② 새로운 땅을 개간하려고 ③ 농사를 발전시키려고 ④ 동물을 쫓아서 ⑤ 피난처를 찾아서
글 가운데 '선사 시대'를 찾는다. 그 시대에는 사냥으로 먹고살았으므로 먹이인 동물을 쫓아 이동을 하였다.
2. ① 적절한 ② 합의한 ③ 가장한 ④ 선택된 ⑤ 양육된

 이민의 나라 미국

1820년에서 1991년까지 미국 이민자들의 출신 국가와 그 수
① 유럽 : 독일(7,094,000) 이탈리아(5,403,000) 영국(5,136,000) 아일랜드(4,730,000) 러시아(3,426,000)
오스트리아(1,832,000) 헝가리(1,670,000) 스웨덴(1,286,000) 프랑스(792,000)
② 아시아 : 필리핀(1,095,000) 중국(938,000) 한국(668,000) 인도(498,000) 베트남(473,000)
일본(468,000) 터키(416,000) 홍콩(318,000)
③ 아메리카 : 멕시코(4,837,000) 캐나다(4,316,000) 쿠바(758,000) 도미니카(552,000)
콜롬비아(315,000) 엘살바도르(322,000)
④ 아프리카 : 아프리카 전체(368,000)

theme 12 Labor Movement 노동 운동

1 Before labor unions existed, employers had a great deal of power. Some employers, in order to increase their profits, took advantage of their workers, paying them extremely low wages and working them long hours. There were no laws to protect workers from unsafe work environments; if they got sick or were injured on the job, no insurance programs existed to help support them or their families while they recovered. To gain more control over their work environments, workers began grouping together to form unions.

A labor union is an organization of workers, who work in a specific trade or closely related trades. Membership dues pay for operating expenses and aid members during illness, old age, strikes, and periods of unemployment.

The primary purpose of a union is to prevent employers from taking unfair advantage of their employees. Through a process called collective bargaining, union representatives protect workers' rights by negotiating contracts with employers that are favorable to the workers.

labor union 노동조합 prófit *n.* 이익 take advántage of – ~을 이용하다, 부려먹다 extrémely *adv.* 지극히 wage *n.* 임금 work envíronment 노동 환경 get sick 아프게 되다 be ínjured 다치다 insúrance *n.* 보험 gain control over – ~에 대한 관리 감독권을 얻다 group togéther 함께 모이다 trade *n.* 기업, 업종 dues *n.* 부과금, 회비, 조합비 membership due 회비, 조합비 óperating expense 운영비 strike *n.* 파업 colléctive *adj.* 집단적인 bárgaining *n.* 협상, 거래 (*cf.* bargain *v.* 협상하다, 거래하다) colléctive bárgaining 단체 협상 represéntative *n.* 대표 negótiate *v.* 협상하다 cóntract *n.* 계약 fávorable *adj.* 유리한, 호의적인

1. The labor union membership dues aid its members during **except** which of the following?

　　① bank credit　　② illness
　　③ old age　　　　④ strikes
　　⑤ unemployment

　　풀이 ① 은행 신용 ② 질병 ③ 노년 ④ 파업 ⑤ 실직
　　　　'조합비(membership dues)'에 관한 내용은 둘째 단락에 서술되어 있다.

 노동3법

노동 관계 기본법인 노동조합법, 노동쟁의조정법, 근로기준법의 총칭이다. 노동조합법은 노동자가 단결하여 단체교섭이나 기타 단체행동을 할 수 있는 권리를 인정하고 구체적으로 그것을 보장하는 방법 등을 규정한 법률이고, 노동쟁의조정법은 노동쟁의를 공정하게 조정하여 노사간의 분규, 즉 노동쟁의를 예방 내지 해결함으로써 산업의 안정을 꾀하고 나아가서 산업 및 경제의 안정적 발전에 기여하는 것을 목적으로 제정된 법률이다. 근로기준법은 노동자의 노동조건, 곧 임금, 노동시간, 휴게 및 연차 유급 휴가, 안전 위생 및 재해보상 등에 관한 최저 기준을 규정하고 있다.

Labor Movement 노동 운동

2 Both unions and management today realize the importance of settling disputes without interrupting work. Today unions seldom use the strike (stopping work) to force an agreement by management. Similarly, management seldom uses the lockout (shutting down the workplace) to force an agreement by the union or the workers.

Strikes or lockouts may occur when a union is trying to get management to accept it as the bargaining agent for a firm's workers. They may also occur when a new contract is being negotiated and disputes that cannot be settled by bargaining arise over its provisions. But even here, laws affecting labor make it difficult to take such action. The government also provides the services of skilled labor mediators to help both parties arrive at a settlement.

Unions put pressure on management in another way—by picketing. This means patrolling near the plant or place of business with a sign advising workers and the public that a dispute exists between union and management. One purpose is to force management to settle with the union through the use of public opinion. Another purpose is to prevent workers from continuing to work—a union member is not supposed to cross a picket line. Usually the use of picketing is regulated by federal law.

mánagement *n.* 경영진 settle dispúte 분쟁을 해결하다 interrúpt *v.* 방해하다, 끼어 들다 strike *n.* 파업(= stopping work) force *v.* 압력을 가하다 lóckout *n.* 사업장 폐쇄 조치(= shutting down the workplace) bárgaining ágent 협상 요원 firm *n.* 회사 cóntract *n.* 계약 negótiate *v.* 협상하다 provísion *n.* 규정, 규정의 조항 médiator *n.* 조정자, 중개인 put pressure 압력을 가하다(= force) patról *v.* 행진하다, 순찰하다 plant *n.* 공장 advíse *v.* 알리다 púrpose *n.* 목적, 의도 settle with ~ ~을 해결하다 public opínion 여론 prevent ~ from ~ ing ~가 ~하는 것을 막다 be suppósed to do ~을 하기로 되어 있다 régulate *v.* 규제하다, 규정하다 féderal law 연방법

1. Which activity is the way which unions put pressure on management without stoping working?

　　① lockout　　　　　　　② negotiating
　　③ picketing　　　　　　④ sabotage
　　⑤ strike

　　풀이 ① 폐쇄 조치 ② 협상 ③ 피켓팅 ④ 사보타지(태업) ⑤ 파업
　　　　셋째 단락은 그 방법의 하나인 'picketing'을 설명하고 있다.

노동귀족

산업 기술이 고도로 발전하고 노무관리가 합리화되면서 노동자 중에서도 높은 급료와 특권적 지위를 부여받는 기술 전문직이 생겨나 이들은 노동자로서의 계급적인 자각을 잃어 버리고 자본가 측에 협조적이게 되었다. 이들을 노동귀족이라고 한 것이다. 오늘날은 노동조합의 간부가 하부 조합원과 의식이 달라져 조합원의 이익 대표자로서의 책임을 저버리고 업주 측과 뒤에서 야합하는 부패 현상을 가리키는 경우에 쓰인다.

theme 13 Old Age 노년

1 The incomes of people 65 and over are smaller than those of any other adult age group. Before 1979, many people in the United States had to retire from their jobs when they reached 65. Now the age is 70. Some workers receive a monthly pension after they retire — whether at 65 or later — but most pensions are less than one-half of a worker's salary. Some people have no pension at all but live on social security or some form of government assistance. People over 65 have difficulty getting jobs, as employers often do not want to hire older people. As a result, the middle income of families in the United States with a family head over 65 is less than 60 percent of that of younger families. One-seventh of the elderly have incomes below the poverty line.

People who receive a fixed amount of money each month from pensions, investments, or old-age insurance have a special problem. The amount of money they receive may be just enough to live on. But if an emergency, such as an illness, occurs, they are unable to meet the added expenses. And as the costs of food, clothing, rent, and medical care go up, it becomes harder to stretch a fixed income to cover these costs.

pénsion n. 연금 retíre v. 퇴직하다 sócial secúrity 사회보장 middle íncome 평균 소득 the élderly 노인들 póverty line 최저 생계선 invéstment n. 투자, 신탁 old-age insúrance 노년 보험 stretch v. 늘여 쓰다, 늘이다

1. Which of the following is <u>not</u> stated in the passage as the programs that the older people live on?

① government assistance
② pension
③ old-age insurance
④ social security
⑤ stocks

풀이 ① 정부 보조 ② 연금 ③ 노년 보험 ④ 사회보장 ⑤ 증권
이 글에는 노인들의 생계(live on) 방안으로 열거된 5가지 프로그램이 서술되어 있다. pension, social security, government assistance, investment, old-age insurance 등이다.

  미국 정부의 노인복지 프로그램 3가지

1. Social Security System(사회보장 제도)
   모든 직장인은 수입의 일부를 기금으로 적립하여 퇴직 때 받거나, 65세에 받는다.
2. Supplement Security Income(생활보조금)
   가난한 노인들에게 지급되는 생활보조금 제도. 집세, 생활 용품, 식품, 의복 등의 구입을 위해 매달 지급된다.
3. Health Insurance for the Aged(노인 보건 보험)
   'Medicare Program'이라고도 하는데, 65세 이상의 노인들에게 병원이나 가정에서의 진료비, 간호비 등을 지급하는 프로그램이다. 비용은 사회보장기금에서 조달한다.

Old Age 노년   13 theme

Emotionally, there are problems to be faced as a person grows older. After the busy years of working and raising children, it is hard for many older people to adjust to a less active life. For those who have never had interests outside of their homes and jobs, it is particularly hard to find ways to fill the hours of the day. When elderly people are idle, it is easy for them to feel that their lives have no purpose, that no one really needs them.

Loneliness is another problem of the aged. Children grow up, marry, and move away. Friends die, and husbands and wives themselves are separated by death. Women, especially, must adjust to being left alone, since on the average they outlive men by six or seven years.

raise children 자식들을 기르다 adjúst v. 적응하다 fill the hours of the day 하루의 시간을 보내다(채우다) lóneliness n. 외로움 the aged 노인들 séparate v. 헤어지다 be left alone 혼자 되다 óutlive v. ~보다 더 오래 살다

1. Which of the following is the best title for the passage?

① Adjusting to a Less Active Life
② Emotional Problems of Old Age
③ Filling the Hours of the Day
④ Loneliness of the Aged
⑤ Years of Working and Raising Children

> 풀이 ① 덜 활동적인 생활에 적응 ② 노년의 감정적인 문제들 ③ 하루의 시간을 보내기 ④ 노인들의 외로움 ⑤ 일하고 자식들 키운 세월
> 이 글의 주제문인 첫 문장의 핵심어로 유추할 수 있다.

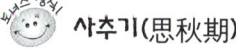

사추기(思秋期)

인생의 가을인 중년의 나이에 느끼는 정서 불안을 말한다. 일본의 심리학자 가와이(河合雄)가 만든 말인데, 그의 말에 따르면, 대부분의 사람들은 40세 무렵까지 오직 '선량한 사회인' '좋은 아내'로서의 역할을 강요당한다. 그러나 그 동안 그늘 속에 묻혀 있던 일면이 체력과 기력이 쇠퇴하는 40세 이후에 갑자기 그 모습을 드러내어 문제 있는 행동으로 치닫는다는 것이다. '상승정지증후군'도 그 예에 속하지만, 특히 중년의 가정주부들이 어느 날 정신을 차려 보니 사랑의 보금자리가 텅 비어 있다는 공허감, 억울한 감정 등으로 술을 자주 마시게 되거나 부부간의 갈등이 일어난다는 것이다.

theme 13 Old Age 노년

3 As individuals we may not be able to change the economic or physical facts of older people's lives. But we can help plan ways to help. In some communities, for example, young people shop for older people and visit them regularly.

We can work toward the goal of a happier old age for all of us by understanding the importance of preparing for this period of life. This means caring for our health by observing good health habits from the time we are young, trying to build economic security by learning to care for and save some of the money we earn, and trying to develop satisfying interests outside our daily work.

Preparing for old age becomes even more important when people reach middle age. Perhaps in your own family your parents are starting now to plan for an independent life when you have grown up and left home. They may be speaking of moving in a few years to a smaller house, or they may be building new interests by taking adult education courses. Your parents will be happier later on—and so will you—if they have interests and are able to lead an independent life, for which they have prepared themselves.

obsérve v. 준수하다, 지키다 middle age 중년 adult education course 성인 교육과정 later on 나중에

1. Which of the following is <u>not</u> stated in the passage as the preparation for a happier old age?

① autobiography   ② economic security
③ health   ④ satisfying interests

풀이 ① 자서전 ② 경제적 보장 ③ 건강 ④ 만족스런 취미
특히 둘째 단락에 3가지 준비 과정이 설명되어 있다.

노령 인구의 증가

우리 나라를 비롯하여 산업화에 성공한 많은 국가들은 보건과 의학이 발달하고, 식생활이 풍요로워지면서 평균 수명이 길어지고, 노령 인구가 많이 늘었다. 이에 맞추어 각종 노인 복지 사업이 눈에 띄게 발전하고 있다. 소위 실버산업이라는 것이다. 안락하고 과학적인 시설이 갖추어진 첨단 양로원들이 건설되고, 사회의 모든 공공시설에는 노인 우대 시설이 증가하고 있다. 무엇보다 노인이나 병약자를 배려하는 의식을 각자 가다듬는 것이 중요하다. 버스나 지하철에서 일단 자리에 앉으면, 눈을 감고 잠을 청하는 사람들이 많다. 세상일 나 몰라라 일단 눈을 감아 버리는 태도는 양심의 눈을 감는 것이리라.

Poverty 가난 14 theme

In the history of the world, poverty has often been caused by political problems. A people displaced from their homes — from their farms, shops, or businesses — by war, revolution, or other political conflicts, may frequently become poverty-stricken.

The United States currently has the highest standard of living in the world. But the United States also has areas of poverty both in the cities and in some rural areas as well.

In cities, extreme poverty sometimes occurs in urban ghettos where some minority groups have not had the opportunity to learn skills that will help them to earn a living in a rapidly changing modern world. People trapped in this kind of situation often have inadequate housing and, living in normally more expensive urban situations, must pay higher prices for what little food they can obtain.

In most countries faced with the problem of poverty, the single most important fight is the fight to break the cycle of poverty in which a family remains poor for generations because they know no other way of life and no means of escape. Governments are working hard to make sure that the children of poor parents will have the chance of a different and better way of life for themselves.

displáce *v.* 쫓아내다, 제거하다 cónflict *n.* 투쟁 poverty-stricken *adj.* 매우 가난한, 가난에 시달리는 cúrrently *adv.* 현재 standard of living 생활 수준 rural area 시골 지역 extréme *adj.* 극심한 ghétto *n.* 게토, 빈민가 minority groups 소수민족 집단 earn a living 생계를 벌다 trap *v.* (덫에) 가두다, 붙잡다 inádequate *adj.* 부적절한 cycle of poverty 가난의 순환

1. Which of the following is the main cause of poverty in the world history?

① Economical problems   ② Energy problems
③ Ethnical problems   ④ Political problems
⑤ Religious problems

풀이 ① 경제적인 문제 ② 에너지 문제 ③ 인종적인 문제 ④ 정치적인 문제 ⑤ 종교적인 문제
글의 도입부이자 주제문인 첫 문장에 나타나 있다.

기회의 사다리(Ladder of Chance)

교육을 받았고, 권력과 부(富)를 가진 상류층이 그렇지 못한 하류 계층의 사람들에게 상류층으로의 상승 기회를 제공하는 여러 가지 사회제도를 말한다. 인간은 태어나는 환경부터 평등하지 않다. 출발선이 다른 것이다. 그럼에도 그 사다리를 올라 상류 대열에 합류한 극소수의 사례는 국가의 생산 기반을 담당하고 인구의 대부분을 차지하는 하류층을 달래는 훌륭한 광고 모델의 역할을 수행하게 된다. 그러나 살아가는 동안 대부분의 사람들은 '기회의 평등'이 허구임을 깨닫는다. 모두가 오르기에는 그 사다리의 수가 너무나 적다는 것을 깨달아 간다.

theme 15 Racism 인종차별주의

In the United States today racist attitudes and race discrimination persist despite the passage of social legislation intended to ensure equal treatment and the civil rights of all American citizens. Evidence demonstrates that in such fields of education, employment, and justice, minority groups still do not always experience equal advantages or opportunities. The tension caused by such inequalities, whether real or imagined, has been the underlying cause of several serious race riots.

Racism also persists in many places throughout the world. In south Africa, for example, apartheid, the segregation of people according to race, was practiced by law until 1991, and multi-racial national general elections were not permitted until 1994.

In other places throughout the world, growing numbers of young whites are joining organizations that encourage the revival of Nazi white-supremacist ideas. These self-described 'skinheads' promote violent hate crimes against minorities.

Also of worldwide concern in eastern Europe is the recent campaign of attempted genocide in the war-ravaged republics that once belonged to the nation of Yugoslavia. For several years, Christian Serbs and Croats have pursued a policy of 'ethnic cleansing' to rid the region of its Muslim population. Such episodes continually reminds us of the atrocities that can result when intolerance and hatred are freely promoted within a society.

rácist *adj.* 인종차별주의의 race discrimination 인종차별 persíst *v.* 지속하다 pássage *n.* 추세 sócial legislátion 사회적 입법 inténd to do ~하기로 의도하다 ensúre *v.* 보장하다(= make sure) équal tréatment 평등한 대우 démonstrate *v.* 보여주다 minórity groups 소수 민족 집단 ténsion *n.* 긴장 inequálity. *n.* 불평등 underly *v.* 기반을 잡다 riot *n.* 폭동 apártheid *n.* 인종차별 정책 segregátion *n.* (인종의) 분리, 구별 práctice *v.* 실시하다, 실행하다 multi-racial national general election 다인종 전국 총선거 white suprémacy 백인 우월주의 self-described 스스로 설명하는, 소위 skínhead *n.* 머리를 짧게 깎는 보주주의자, 빡빡 머리 promóte *v.* 장려하다, 부추기다 minórity *n.* 소수 민족, 소수 집단 campáign *n.* 군사 작전 génocide *n.* 인종 학살 war-rávaged 전쟁이 휩쓸고 간 Serb *n.* 세르비아 사람(=Sérbian) Croat *n.* 크로아티아 사람(= Cróatian) pursúe *v.* 추구하다 éthnic cleansing 인종 청소 rid – of – ~에서 ~을 제거하다 épisode *n.* 사건 remínd – of – ~에게 ~을 상기시키다 atrócity *n.* 잔악한 행위 intólerance *n.* 편협 hátred *n.* 증오

1. Which of the following is <u>not</u> an example of racism?

① Apartheid   ② Ethnic cleansing
③ Multi-racial national general elections   ④ Nazi white-supremacy

Racism 인종차별주의 15 theme

풀이 ① 인종차별 정책 ② 인종 청소 ③ 다인종 전국 총선거 ④ 나치의 백인우월주의
각 단락에 하나씩 인종차별의 예를 들어서 설명하고 있다. 각 단락의 핵심어 명사를 찾아볼 것

 넬슨 만델라(Nelson Mandela, 1918-)

남아프리카의 African National Conference(ANC, 아프리카 민족회의)의 흑인 지도자. 소수 백인의 통치체제에 저항하다 종신형을 선고받고 27년을 복역하던 1990년, 백인 대통령 F.W. de Klerk에 의해 석방된다. 이후 1994년에 실시된 총선거에서 흑인들의 ANC가 다수당을 차지하여 대통령에 취임한다. 대통령이 된 그는 다수당인 자당의 독자적인 정부를 구성하지 않고, 모든 정파의 인물들을 참여시켜 국가 통합을 이루려고 노력하였다.

theme 15 Racism 인종차별주의

2 Ku Klux Klan is an organization in the United States that advocates white supremacy. It started in the South in 1866, during the Reconstruction period after the Civil War, when many whites feared the idea of African American equality. Klan members disguised in hooded white robes tried to maintain white supremacy with terror and violence. The organization disbanded in 1871 but became active again in 1915. Its targets then included Roman Catholic, Jews, and the foreign-born. Its influence began to wane in the years after World War I, and by the 1930's it had lost much of its power. Although it revived during the civil rights movement of the 1960's, it is today a generally small, extremist group, divided into a number of factions.

ádvocate *v.* 옹호하다   white suprémacy 백인 우월주의   Reconstrúction périod 재건기간, 재편기간. 미국이 남북전쟁을 끝내고 남부의 각 주들을 연방제 합중국으로 편입시키던 재건기간을 말한다.   disgúise *v.* 변장하다   hood *n.* 두건, 복면   robe *n.* 예복, 긴 옷   disbánd *v.* 해체하다   foreign-born 외국 태생의   wane *v.* 약해지다, 쇠잔하다   civil right movement 인권 운동   extrémist *n.* 과격파   faction *n.* 도당, 파벌

1. Which of the following is <u>not</u> included in the targets of Ku Klux Klan?

① African Americans   ② the foreign-born
③ the Irish   ④ Jews
⑤ Roman Catholic

풀이   ① 미국 흑인들   ② 외국 태생들   ③ 아일랜드인   ④ 유태인   ⑤ 로마 카톨릭
글 가운데 그들의 공격 대상(targets)을 찾으면 된다. 흑인은 당연히 포함된다.

다인종 국가와 단일 민족 국가

전통적으로 여러 인종이 공존하며 통합된 국가는 강하고 번성하였다. 여러 민족을 정복하였던 알렉산더의 제국이 그랬고, 로마가 그랬다. 오늘날 미국이 바로 다인종 국가이고, 영국도 다인종 국가라고 할 수 있다. 단일 민족 국가에 비해 다인종 국가의 특징은 다양성을 수용하고 공존하기 위한 합리적이고 이성적인 사고방식이 발달한다는 점이다. 나와 다른 것을 소화하기 위해서 합리적이고 논리적인 사고를 해야 한다. 감정보다 이성이나 논리가 발달한 사회가 강하고 뛰어나다. 우리 나라의 민족성이 매우 감정적인 이유가 바로 단일 민족 국가이기 때문일 것이다. 배타성과 독선이 강할 수 있다.

Refugees 난민   16 theme

Many refugees spend a long time in camps run by international and voluntary agencies. The camps try to provide shelter, food, and medical services. Conditions in such camps vary widely, but almost all are crowded. Children often suffer most. They are less able than adults to endure illness or other hardships.

The camps offer no long-term solution to the refugee problem. They provide only temporary relief. Most refugees eventually leave the camps to return to their homes, to find permanent homes in the country to which they have fled, or to resettle in another country.

réfugee *n.* 난민 run *v.* 운영하다 vóluntary *adj.* 임의의 hárdship *n.* 고난 long-term solution 장기적인 해결책 témporary *adj.* 임시의 relíef *n.* 구조 flee *v.* 도망하다 (flee-fled-fled) reséttle *v.* 재정착하다

1. According to the passage, which is <u>not</u> a correct statement about refugee camps?

① Almost all are crowded.
② Conditions in such camps vary widely.
③ They are run by international and voluntary agencies.
④ They offer long-term solutions to the refugee problem.
⑤ They provide only temporary relief.

> 풀이 ① 거의 모든 캠프가 인구가 과밀하다. ② 그런 캠프들의 조건은 매우 다양하다. ③ 국제적이고 자발적인 기관들이 운영한다. ④ 난민 문제에 장기적인 해결책을 제시한다. ⑤ 단지 임시 구조를 제공할 뿐이다.
> 이런 문제는 먼저 답지를 하나씩 읽고, 본문과 대조를 한다. 난민촌은 임의적인 수용소일 뿐이다.

난민(refugee)의 역사

1. 'refugee'라는 말이 처음 사용된 것은 300여 년 전, 프랑스로부터 도망친 개신교파인 위그노 교도들을 가리키는 말이었다. '난민의 세기'라고 하는 20세기에는 약 1억 명이 집을 떠났으며, 현재도 약 1천만명의 난민들이 있다. 대표적인 난민의 역사를 살펴보면 다음과 같다.
2. 1930년대에는 독일, 이탈리아, 스페인 등의 독재정치 때문에 수백만 명이 난민이 되어, 유럽인 8명 가운데 1명이 난민이 되었다. 특히 유대인들이 그랬다.
3. 제2차 세계대전이 끝나고 중동 지역에 이스라엘이 건국되면서, 그곳 팔레스타인에 살던 약 2백만 명의 아랍인들이 난민이 되어 근처에서 살고 있다.
4. 1973년 베트남 전쟁이 끝나고 탈출한 수많은 난민들이 있었고, 아직 정치적으로 불안한 아프리카 국가들에서 발생하는 난민들이 아직도 고통을 겪고 있다.

theme 16 Refugees 난민

2 More and more refugees are being resettled far from their homes, mostly in the developed countries of the West. There is no single best way to resettle refugees. But there are two basic types of procedures. Some countries, such as Switzerland and Canada, prefer to keep refugees in special centers and gradually ease them into new ways of life.

In contrast, the United States encourages refugees to go out on their own quickly. Voluntary agencies, church groups, and individuals (who act as sponsors) find housing, jobs, and other necessities for refugees. The United States, like most countries, limits the number of foreigners who may enter the country to live. But it usually accepts refugees who might suffer hardship or be punished if they returned to their own countries.

Refugees who resettle far from their homes have many difficulties—a new language, a new culture, and sometimes resentment in the new community. Refugees are often unwelcome, and many countries have turned them away. But despite these problems, many refugees are successful in rebuilding their lives.

reséttle v. 정착하다, 재정착하다　far from ~에서 멀리 떨어진　gradually ease ~ into - ~를 -에 서서히 넣다　cóntrast n. 반대, 대조　on their own 자진해서, 스스로　necéssity n. 필수품. 흔히 복수형　púnish v. 처벌하다　reséntment n. 분개, 원망　turn away 쫓아내다, 돌려보내다

1. Which of the following is the key word of the passage?

① rebuilding　　　② refugees
③ resentment　　④ resettlement
⑤ return

풀이　① 재건 ② 난민 ③ 원망 ④ 정착 ⑤ 돌아감
　　　이 글에서 가장 많이 등장하는 단어는 'refugee'와 'resettle'이다.

보트 피플(Boat People)
18년이나 지루하게 끌어오던 베트남 전쟁이 1973년에 공산 베트남의 승리로 끝나면서 패전 지역의 수많은 베트남인들이 배를 타고 탈출하여 바다에 표류하였다. 바로 이들 표류 난민들을 'Boat People'이라고 불렀다. 이들은 당시 전세계적인 문제가 되었고, 패전 당사자이기도 한 미국을 비롯한 많은 서방 국가들이 이들 표류 난민들을 구조하였고, 이들의 정착과 새 삶을 도왔다.

Right to Die 사망 권리

17 theme

Right to die is the right of dying patients to decide whether to receive treatment to maintain life or to be allowed to die naturally. Some people believe that this decision should be up to the patient and doctor only, or, if the patient is unable to express a desire, to the doctor and the patient's family. By means of a document called a living will, a patient may direct doctors to discontinue treatment that no longer serves any purpose but to prolong suffering. Some states recognize living wills under certain circumstances.

be up to – ~에게 달려 있다 expréss v. 표현하다 by means of – ~에 의해, ~로 dócument n. 문서 living will 사망 희망서. 불치의 병으로 식물인간이 되느니 차라리 죽기를 원한다는 문서 discontínue v. 중단하다, 그만두다 púrpose n. 목적 prolóng v. 연장하다 círcumstance n. 상황

1. The document that expresses one's desire to die refers to which of the following?

   ① Decision to live   ② Desire to die
   ③ Discontinuing treatment   ④ Living will
   ⑤ Right to die

   풀이 ① 살려는 결정 ② 사망 의지 ③ 치료 중지 ④ 사망 희망서 ⑤ 사망 권리
   이 문제는 어휘를 찾는 문제이다. 우선 '문서'(document)와 '죽겠다는 의지 표현' 등의 표현을 찾으면 바로 답을 알 수 있다.

안락사(安樂死, Euthanasia)

죽음을 고통 없이 맞도록 인위적인 조치를 가하는 것으로 '적극적 안락사'와 '소극적 안락사'가 있다. 적극적 안락사는 불치 환자의 육체적 고통이 격심할 때 독물이나 기타 방법으로 빨리 죽을 수 있도록 하는 것이고, 소극적 안락사는 불치의 병에 대한 치료를 중지하거나 식물인간 등에게 인공호흡 처치를 중지하는 것이다. 안락사에 대한 찬반양론이 분분하나 소극적 안락사는 긍정하는 쪽이 많다.

theme 18 Sexism 성차별주의

1 Sexism is a term that refers to prejudice or discrimination based on sex, especially discrimination against women, who at times have not been allowed to hold certain jobs or have been paid less than men for doing the same job. Sexism also refers to a way of thinking that assigns certain roles in life, or kinds of work, according to sex. Examples are the ideas that doing housework or nursing are women's roles and that running a business or holding public office are men's roles.

séxism *n.* 성차별주의 refér *v.* 언급하다, 말하다 préjudice *n.* 편견 discrimination *n.* 차별 assígn *v.* 맡기다, 부과하다 public office 공직

1. which of the following is <u>not</u> mentioned in the passage as the cases of sexism?

① Doing housework or nursing are women's roles.
② Running a business or holding public office are men's roles.
③ They assigns certain roles in life, or kinds of work, according to age.
④ Women at times have not been allowed to hold certain jobs.
⑤ Women have been paid less than men for doing the same job.

풀이 ① 집안 일이나 간호는 여성들의 역할이다. ② 기업 경영이나 공직은 남성들의 역할이다. ③ 생활의 어떤 역할이나 일의 종류를 나이에 따라 맡긴다. ④ 여성들은 가끔 어떤 직업을 갖는 것이 허용되지 않았다. ⑤ 여성들은 같은 일을 하고도 남성보다 적게 보수를 받았다.
이 글은 사실 몇 문장이 되지 않으므로, 답지를 먼저 보고 본문을 다 읽어도 금방 확인할 수 있다.

성폭력(Sexual harassment)
직장에서 원하지 않는 성적인 괴롭힘을 당하는 경우를 말한다. 성폭력은 법률로 제재를 받는다. 성폭력에 관한 법률은 일자리를 얻거나 유지하기, 승진, 업무를 유리하게 수행하기, 봉급 인상 등 고용과 관련한 여러 가지 이점을 미끼로 성적인 괴롭힘을 당하지 않을 권리를 주로 다룬다.

Social Security 사회 보장

19 theme

Today the social security systems in many countries are facing serious financial problems. Unemployment and inflation (the rising cost of goods and services) have helped to create these problems. When many people are out of work, fewer people are contributing to pension plans, and more benefits must be paid under unemployment insurance. And as the cost of living goes up, so do the amounts of social-insurance payments. In the United States, social security payments are indexed to the rate of inflation. This means that they increase with each rise in the cost of living.

In 1983, after long debate, the U.S. Congress passed legislation aimed at reducing social security costs. Under the new law the retirement age would gradually rise to 67 by the year 2027. Benefits of people who retire easily would be reduced. Some cost of living increases were delayed, and the law included a provision to freeze such increases if social security funds were low. Employee contributions were to rise in stages until 1990. It was hoped that these measures, together with other reforms included in the law, would keep social security costs from exceeding contributions.

sócial secúrity system 사회보장제도 be out of work 일자리를 잃다 contríbute v. 기부하다, 납부하다 contribútion n. 납부(금액) pénsion plan 연금 제도 unemplóyment insúrance 실업 보험 social-insurance payment 사회보장 납부금 índex v. (지표를) 나타내다, 가리키다 legislátion n. 법률안 retírement n. 퇴직 deláy v. 늦추다 provísion n. (법안의) 조항, 규정 freeze v. 동결시키다 fund n. 기금 in stages 단계적으로 méasures n. (pl.) 조처 refórm n. 개정 excéed v. 초과하다

1. Under the new law of the U.S., by when would the retirement age rise to 67?

① 1983
② 1991
③ 2000
④ 2020
⑤ 2027

풀이 글 가운데서 '퇴직 연령의 67세 상향'이란 표현을 찾는다. 이때 우선 67이란 숫자를 찾으면 빠르다.

대표적인 사회보장제도

1. 국민연금 : 65세 이후 노년에 최저 생활이 가능한 일정액의 연금을 받는 일종의 보험 제도이다. 개인이 직업을 가지고 노동을 하는 동안 일정액의 연금 납입금을 불입한다.
2. 의료보험 : 모든 국민이 값싸게 의료 혜택을 받을 수 있도록 만든 보험 제도이다. 모든 사람은 직장에서든 지역에서든 매월 일정액의 보험료를 납부한다.
3. 실업수당 : 개인이 뜻하지 않게 실직을 당하였을 때, 국가에서 최저 생계비를 지원하는 일종의 보험제도이다. 이 보험을 위해서 개인은 직장에서 실업보험에 가입하여 매달 일정액의 보험료를 납입한다.

theme 20 Social Work 사회 사업

1 What influences a young man or a young woman to become a social worker? The people who choose this career usually do so because they genuinely care about people and wish to help them so that they can lead productive, satisfying lives. The social worker believes that most people can be helped to help themselves. The opportunity to help people secure their rights, protect their freedoms, and reach their highest level of development makes social work appealing and gratifying.

Salary levels are improving, and the many different situations in which social work is practiced give it great appeal for ambitious young people. The opportunity to work toward desirable changes in living conditions, health services, and personal relationships makes social work attractive and rewarding.

social worker 사회사업가 génuinely adv. 진짜로, 정말로 care about - ~을 걱정하다, 아끼다 help oneself 자립하다
secúre v. 보장하다 appéaling adj. 매력적인 appéal n. 매력 grátifying adj. 즐거운, 만족시키는 rewárding adj. 보람있는

1. All of the following are how the author feel about the social work **except**

① appealing. ② attractive.
③ gratifying. ④ serious.
⑤ rewarding.

풀이 ① 매력적인 ② 매력적인 ③ 즐거운 ④ 진지한 ⑤ 보람있는
두 단락의 마지막 문장들에 사회사업의 좋은 점을 서술하고 있다.

대학의 사회사업 관련 학과

사회복지학과, 사회사업학과, 아동복지학과, 특수교육과 등이 있다. 우선 인간에 대한 사랑과 어려운 사람에 대한 연민이 강한 사람이 진학하는 것이 좋다. 우리 나라는 아직 선진국에 비해서 사회사업에 종사하는 사람들에 대한 처우가 낮은 편이다. 하지만 선진국 수준의 사회복지가 이루어지도록 제도적인 개선을 포함하여 유형 무형의 발전을 하기 위해서는 종사자들이 해야 할 일이 많고, 그 만큼 보람도 클 것이다.

Sociology 사회학

Sociology is the study of people's behavior as it is influenced by interaction with other people. Sociologists are the experts who try to find out about human relationships and how those relationships are affected by people living and working together.

What happens, for example, when people go to school, join organizations, take jobs, or move to a new community? Sociologists have a scientific interest in understanding how and why people act the way they do. Some human behavior causes problems—such as crime and unemployment—for the individual or others. Sociologists alone cannot solve these and other problems. By finding possible causes and explanations, they can help people lessen them.

In addition to doing research studies, most sociologists teach, either in colleges or in high schools. Soon sociology will also be taught in the elementary schools. Students who study sociology find out what is known about human behavior. Sometimes this helps them to understand themselves and others better.

sociólogy *n.* 사회학 behávior *n.* 행동 interáction *n.* 상호작용, 관계 human relátionships 인간관계 afféct *v.* 영향을 주다(= influence) léssen *v.* 줄이다 in addition to ~ ~외에도 elementary school 초등학교

1. What is the best title for this passage?

① The Definition of Sociology   ② Human Relationships
③ The Roles of Sociology   ④ Sociologist as a Career
⑤ The Works of Sociologists

풀이 ① 사회학의 개념 ② 인간관계 ③ 사회학의 역할 ④ 사회학자라는 직업 ⑤ 사회학자들의 연구
주제문인 첫 문장에서 알 수 있듯이 'sociology'가 무엇인지를 설명하고 있다.

 사회학의 관심 분야

다른 학문과 달리 사회학에서 다루는 분야는 매우 다양하다. 제도, 법률, 윤리, 역사, 종교, 재난, 사회 운동, 개혁 등 '사회의 변화'에 가장 관심이 있다. 그래서 사회학을 공부하는 경우, 이 분야들 모두를 공부하게 된다.

theme 22 Surrogate Mother 대리모

1 Surrogate mother is a woman who contracts to bear a child for a couple unable to have one of their own because some medical problem prevents the woman from becoming pregnant. An agency or a lawyer matches the childless couple with a woman who wishes to be a surrogate mother. She agrees to be artificially inseminated, and if pregnancy results, to turn the child over to the couple at birth. Typically the couple pays all costs and gives the woman an additional fee. The practice raises serious legal and ethical questions, and a number of groups believe it should be banned. Lawmakers in some states have proposed legislation to regulate surrogate motherhood.

súrrogate *n/a.* 대리(의) surrogate mother 대리모 bear *v.* (아이를) 낳다 prégnant *adj.* 임신한 prégnancy *n.* 임신 inséminate *v.* (인공으로) 수정하다, 수태하다 turn over 넘기다, 양도하다 práctice *n.* 실시, 실행 éthical *adj.* 윤리적인 ban *v.* 금지하다 láwmaker *n.* 입법자, 의원 legislation *n.* 입법, 법률 régulate *v.* 규제하다, 규정하다

1. According to the passage, which of the following is <u>not</u> a correct statement about surrogate motherhood?

   ① The child is to turned over to the couple at birth.
   ② The couple pays all costs and gives an additional fee.
   ③ A number of groups believe it should be encouraged.
   ④ Its practice raises serious legal and ethical questions.
   ⑤ Surrogate mother is to be artificially inseminated.

   풀이 ① 아기는 출생 때 부부에게 넘겨진다. ② 부부는 모든 비용을 대고 추가적인 보수를 주어야 한다. ③ 많은 단체들이 그것은 장려되어야 한다고 믿고 있다. ④ 그 실행은 심각한 법률적 윤리적 문제를 일으킨다. ⑤ 대리모는 인공적으로 수태된다.
   이 글을 찬찬히 확인하면 알 수 있지만, 아직은 장려보다 우려하는 시각이 많다.

 씨받이

전통적으로 남아를 선호해 온 우리 사회에, 옛날부터 은밀하게 내려오던 대리모의 관습이다. 아들이 없거나 자식이 생기지 않는 가정에서 며느리(아내) 대신 자식을 대신 낳아줄 여자 곧, '씨받이'를 구해 아들(남편)과 성 관계를 가지게 하여 자식을 보게 하였다.
언젠가 우리 나라 영화 '씨받이'가 외국의 유명 영화제에서 상을 받고, 관심을 끈 적이 있다. 마침 세계가 대리모의 윤리성 문제로 한창 시끄러울 때였다.

Terrorism 테러리즘 23 theme

It is unlikely that we will see an end to terrorism in the near future. Terrorists are not born but created by historical events. Many of the causes that motivate terrorists remain unresolved, and some of the political issues of today are certain to develop into the confrontations of tomorrow.

In fact, there are several reasons why terrorism can be expected to increase. First, it has proved successful in attracting publicity, in disrupting governments, and in causing death and destruction. Second, weapons, training, and financing are readily available to terrorist groups. And third, an international network of organizations and nations exists that makes the undertaking of terrorist activities much easier.

There are no simple solutions to this age-old problem. But what is required first of all is the insistence by the international community on the upholding of the rule of law wherever terrorism rears its head.

mótivate *v.* 자극하다 confrontátion *n.* 대결 publícity *n.* 광고, 알림 attráct publícity 이목을 끌다 disrúpt *v.* 혼란케 하다 undertáke *v.* 떠맡다, 착수하다 insístence *n.* 주장, 고집 uphóld *v.* 지지하다 rule of law 법치, 법으로 다스림 rear one's head 고개를 쳐들다, 두각을 나타내다

1. All of the following are the reasons why, the author implies, terrorism is expected to increase **expect**

① An international network of organizations makes terrorist activities easier.
② The international community is upholding the rule of law over terrorism.
③ It has been successful in attracting publicity and in disrupting governments.
④ It has proved successful in causing death and destruction.
⑤ Weapons, training, and financing are readily available to terrorist groups.

풀이 ① 체제적인 조직망이 테러 활동을 쉽게 만들고 있다. ② 국제 사회가 테러에 대해 법률로 다스리는 것을 지지하고 있다. ③ 이목을 집중시키고 정부를 혼란시키는 데 성공적이었다. ④ 사망과 파괴를 일으키는 데 성공적인 것으로 드러났다. ⑤ 무기와 훈련, 자금 조달이 테러 집단들에게 용이하다.
'테러리즘이 증가할 것으로 보이는 이유'들은 둘째 단락에 열거되어 있다.

'terrible'과 'terrific'의 의미 차이
① térrible *adj.* 끔찍한, 무서운
② terrífic *adj.* 대단한, 멋진

theme 24 Unemployment 실직

Unemployment insurance gives money to workers who lose their jobs through no fault of their own. The insurance provides at least enough money to buy necessary things—such as food, lodging, and clothing—until the worker finds another job.

The money to pay for the program comes from a special tax on employers, based on the wages of all the employer's workers. Funds are built up to pay benefits to an employer's workers if and when they become unemployed. But workers cannot receive benefits unless they are ready, willing, and able to work and unless they meet certain other requirements.

Thus, unemployment insurance serves two major purposes. It helps protect workers against loss of income when they are out of work for a short time. Usually they do not have to use up all their savings or sell their homes or cars to support their families during their period of unemployment. At the same time, the money paid to workers is being spent for food, clothing, rent, and other necessary items. This helps to support the economy of the community, keeping companies going so that more workers are not laid off because of a drop in business.

unemplóyment insúrance 실업 보험 lódging n. 주거, 숙박 build up 조성하다, 쌓다 bénefit n. 보험 시혜, 연금 시혜 be out of work 실직하다 use up 다 써 버리다 keep going 지탱시키다, 유지시키다 lay off 일시 해고하다 a drop in business 경기 하락

1. Which of the following is <u>not</u> a correct statement about the benefits of unemployment insurance?

① Benefits are given only if and when workers become unemployed.
② Benefits are given only when workers are ready, willing, and able to work.
③ Benefits are given only when workers support the economy of the community.
④ Benefits are given to workers who lose their jobs through no fault of their own.

풀이 ① 보험 시혜는 노동자들이 실직될 경우에만 지급된다. ② 보험 시혜는 노동자들이 기꺼이 일을 할 준비가 되어 있을 때만 지급된다. ③ 보험 시혜는 노동자들이 지역사회 경제를 지원할 때만 지급된다. ④ 보험 시혜는 자신의 잘못이 없이 직장을 잃는 노동자들에게 지급된다.
'보험 시혜 요건' 은 첫 단락과 둘째 단락에 서술되어 있다.

Unemployment 실직

 실업의 네 가지 유형

① 산업 환경의 변화에 따른 실업 : 새로운 산업이 생기고 기존 산업이 도태되거나, 사업장을 옮기거나, 기존 제품의 생산을 중단하면서 초래되는 실업.
② 계절적인 실업 (seasonal unemployment) : 농업이나 건설, 의류 산업 등 성수기와 비수기가 존재하는 산업 분야에서 비수기마다 발생되는 실업.
③ 기술적인 실업 (technological unemployment) : 과학기술의 발달로 새로운 기술이 발명되면서 기존의 일자리를 파괴하여 생기는 실업.
④ 산업 경기 (business cycle)에 따른 실업 : 호경기에 많아졌던 일자리가 불경기에 줄어들면서 생기는 실업.

theme 25 U.S. Civil Rights Movement 미국의 인권 운동

1 In spite of the Supreme Court's 1954 landmark decision banning segregation in public schooling, blacks were still denied equality with whites in many areas of American life. Their dissatisfaction with the slow rate of progress toward full equality led to the emergence of a new generation of black civil rights leaders.

The most notable was Martin Luther King, Jr., a Baptist minister, who preached nonviolence and passive resistance to laws discriminating against blacks. King and other civil rights leaders conducted sit-ins, boycotts, and marches throughout the South in protest against the existing racial laws. A massive civil rights march on Washington, D. C., in 1963, led by King and accompanied by many whites, demonstrated vividly to the nation that the time had come to finally end racial discrimination in the United States.

Supréme Court 미국의 연방 대법원 lándmark *adj.* 획기적인 decísion *n.* 결정 ban *v.* 금지하다 segregátion *n.* (인종)차별 den *v.* 부인하다, 거부하다 dissatisfáction *n.* 불만 emérgence *n.* 등장 nótable *adj.* 유명한 Baptist *adj.* 침례교파의 mínister *n.* 목사 preach *v.* 설교하다 pássive resístance 수동적인 저항 discríminate *v.* 차별하다 condúct *v.* 지휘하다 sit in 연좌 농성(= sit down) bóycott *n.* 불매 운동, 보이콧 racial law 인종차별법 mássive *adj.* 대규모의 accómpany *v.* 동참하다, 동반하다 démonstrate *v.* 보여주다, 시사하다 come to an end 끝나다 racial discriminátion 인종차별

1. For the black civil rights movement in the U.S., King conducted all of the following ways except which of the following?

① boycotts ② marches
③ passive resistance ④ sit ins
⑤ violence

2. The underlined phrase in spite of in the passage could be replace by

① As well as. ② In despite of.
③ In regard to. ④ Regardless of.
⑤ Such as.

풀이 1. ① 불매 운동 ② 행진 ③ 수동적인 저항 ④ 연좌 농성 ⑤ 폭력
둘째 단락에서 'King'에 관한 서술을 찾아보면 답을 알 수 있다.
2. in spite of ~에도 불구하고 (= (in) despite of)

U.S. Civil Rights Movement 미국의 인권 운동

 마르틴 루터 킹(Martin Luther King, Jr.)

1960년대 미국의 흑인 민권 운동의 지도자였다. 아버지가 목사였고, 흑인으로서는 비교적 중산층으로 자란 그는 젊은 시절까지 가난을 알지는 못했다. 애틀랜타와 펜실바니아에서 신학을 공부한 그는 보스턴 대학에서 신학박사 학위를 받는다. 이후 앨라배마주 몽고메리에 정착하여 목사로 봉직하다가 몽고메리 주민들이 흑인 분리 버스에 타지 않기로 하면서 흑인 인권 운동을 주도하게 된다. 그가 워싱턴의 링컨 기념관에서 행한 연설은 유명하다. "I still have a dream. It is a dream deeply rooted in the American dream …… a dream that my four little children will one day live in a nation where they will not be judged by the color of their skin but the content of their character." (저는 아직 꿈을 가지고 있습니다. 그것은 미국의 꿈에 깊이 뿌리를 둔 꿈입니다. 저의 어린 네 자녀들이 언젠가 피부 색깔이 아니라 인격에 따라 판단되는 나라에서 살게 되는 꿈을 …)

1968년 봄에 테네시주 멤피스로 가던 중에 39살의 나이로 암살된다. 그의 흑인 인권 운동은 비폭력 운동으로 더욱 유명하고 전 세계인들로부터 존경을 받는다. 1986년부터 그의 생일인 1월 셋째 주 월요일은 미국의 공휴일로 기념되고 있다.

theme 26 Public Welfare 공공 복지

1 In the United States and some other countries, there has been debate about the levels of public-assistance programs. Some people say there is much waste in the programs and that they cost too much. They propose that benefits be cut.

Others are opposed to cuts in welfare programs. Reductions will harm the poorest people, they say. These people point out that in many countries, benefits are already worth less than before, because of inflation. In the United States, the trend in recent years seems to be toward reducing public assistance.

públic assístance (사회 보장법에 의한) 생활 보호 bénefit *n.* 시혜 oppóse *v.* 반대하다 cut *n.* 삭감 reduction *n.* 삭감, 줄임 (= cut) point out 지적하다 worth *n.* 가치 trend *n.* 추세

1. Which of the following is the best title for the passage?

① Benefits of Public-assistance Programs
② Costs of Public-assistance Programs
③ Cuts in Welfare Programs
④ Debate on the Level of Public Assistance
⑤ Public Assistance of the United States

풀이 ① 생활 보호 프로그램의 시혜 ② 생활 보호 프로그램의 비용 ③ 복지 프로그램의 삭감 ④ 생활 보호 수준에 대한 논의 ⑤ 미국의 생활 보호
글의 주제문인 첫 문장에서 제목을 찾을 수 있다.

복지국가(welfare state)의 의미

국민들의 안녕에 대한 책임을 정부가 가지고 있는 나라를 말한다. 의료보험, 실업수당, 국민연금, 영구임대주택, 아동보호법, 각종 고아원, 양로원의 운영, 영세민과 생활보호자 보조 등 정부에서 시행하는 이런 많은 공공복지사업은 우리 나라에서도 흔히 볼 수 있지만, 예산 및 수혜 정도가 크게 다르다.

Women's Rights Movement 여성 운동

theme 27

In 1888, an international network of feminists gained formal status when Elizabeth Cady Stanton and Susan B. Anthony founded the International Council of Women. Delegates from Canada, Denmark, England, Finland, France, India, Ireland, Italy, and the United States adopted resolutions demanding equal access to education and all trades and professions and equal pay for equal work. The International Council and a subsequent organization, the International Woman Suffrage Alliance, met regularly.

In the 1990's, United Nations records indicated that women had the vote in more than one hundred countries. Almost as many had also signed the United Nations Convention on the Elimination of All Forms of Discrimination Against Women. Adopted by the General Assembly on December 19, 1979, it became an international treaty on September 2, 1981. It called for the abolishment of all forms of women's slavery and prostitution; equal access with men to education and employment opportunities and benefits; maternity leave and child care programs; and the freedom to 'choose the number and spacing of their children.' As of 1996, the United States had signed but not ratified this convention.

féminist *n.* 여성해방론자, 페미니스트 gain *v.* 얻다 státus *n.* 지위 délegate *n.* 대표자 adópt *v.* 채택하다 resolútion *n.* 결의(안) demánd *v.* 요구하다 áccess *n.* 접근, 획득, 권리 trade *n.* 직업, 사업 súbsequent *adj.* 후속의, 이어지는 súffrage *n.* 참정권 allíance *n.* 동맹 régularly *adv.* 정기적으로 índicate *v.* 지적하다, 가리키다 convéntion *n.* 회의, 협약 eliminátion *n.* 제거, 폐지 géneral assémbly (유엔)총회 treaty *n.* 조약, 협정 abólishment *n.* 철폐 prostitútion *n.* 매춘, 매음 matérnity *n.* 모성 maternity leave 출산휴가 child care program 육아 프로그램 spacing of their children 자식(낳기)의 터울 rátify *v.* (의회가) 비준하다, 재가하다

1. When was the International Council of Women founded?

① 1888
② 1979
③ 1981
④ 1990
⑤ 1996

풀이 이 글에는 연도가 많이 나온다. 글 가운데서 'International Council of Women'를 찾으면 연도를 알 수 있다.

 페미니즘(Feminism)

오랫동안 억압받아왔던 여성들이 사회 운동을 통해서 남성과 같은 사회적 지위를 획득하고, 유구한 역사 속에서 남성들이 만들어 놓은 남성 중심의 이데올로기들을 수정해 가는 전체 여성 운동을 이르는 말이다. 페미니즘은 억압받았던 인간으로서의 권리를 획득하려던 초기의 여권 운동 성격에서, 이제 여성성 자체의 가치를 수립하고, 나아가 여성성의 우월함까지도 연구하는 단계에 있다. 결국 여성주의 운동도 노동 운동이나 인종차별철폐 운동 등 각종 인간 해방 운동의 연장선상에 있다고 보아야 할 것이다.

THEME ENGLISH READING

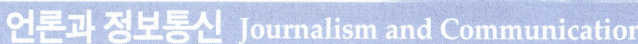

언론과 정보통신 Journalism and Communication

Advertising 01 광고
Broadcasting 02 방송
Television 03 텔레비전
Codes 04 암호
Communication 05 커뮤니케이션
Journalism 06 언론
Magazines 07 잡지
Newspapers 08 신문
Opinion Polls 09 여론조사
Public Relations (PR) 10 홍보
Publishing 11 출판
Amateur Radio 12 아마추어 무선통신
Sound Recording 13 녹음
Telecommunications 14 원격통신
Telegraph Service 15 전신
Telephone 16 전화
Video Recording 17 비디오 녹화

theme 01 Advertising 광고

1 Advertising is the difficult business of bringing information to great numbers of people. The purpose of an advertisement is to make people respond—to make them react to an idea, such as helping to prevent forest fires, or to affect their attitudes toward a certain product or service.

At the beginning of the 1990's, advertising was described as salesmanship in print. If this definition were expanded to include television and radio, it would still stand today. The most effective way to sell something is through person-to-person contact. But the cost of person-to-person selling is high. Because it takes a great deal of time, it increases the cost of the product or service. Advertising distributes the selling message to many people at one time.

ádvertising *n.* 광고   respónd *v.* 반응하다(= react)   prevént *v.* 막다   sálesmanship *n.* 판매 정책   expánd *v.* 확대하다
person-to-person 일대일   próduct *n.* 제품   distríbute *v.* 분배하다, 전달하다

1. Which of the following is the most effective way to sell something in the passage?

① advertising   ② bargain sale
③ chain store   ④ convenient store
⑤ person-to-person contact

풀이 ① 광고 ② 염가 세일 ③ 연쇄점 ④ 편의점 ⑤ 일대일 접촉
문제의 핵심인 '가장 효과적인 판매 방식'(The most effective way to sell something ...)이 둘째 단락에 기술되어 있다.

 CM(commercial message)이란?
상업 방송이나 텔레비전의 프로그램 사이에 삽입되는 광고를 말한다. 프로그램 속에 넣기도 한다. CM의 내용을 노래로 만든 것을 'CM song'이라고 한다. 같은 말로, 텔레비전 광고에 쓰는 광고를 CF(commercial film)라고 한다.

Advertising 광고

theme 01

When advertisers select a medium or a group of media to carry a message, they must think of the kind of product they are selling and the kind of people who are most likely to buy it. They must figure out how to reach the largest possible number of these people at the lowest possible cost. The cost of reaching a thousand people—the cost per thousand—is different in each medium. In print media such as newspapers and magazines, advertisers buy space (pages or parts of pages) in which to display their messages. In the broadcast media—radio and television—they buy time in which to present them.

advertiser *n.* 광고주(자)　carry a message 메시지를 전달하다/싣다　people who are most likely to buy it 가장 잘 구매할 것 같은 사람들　figure out 파악하다, 계산하다

1. Which of the following is <u>not</u> stated in the passage as a factor that advertisers must figure out when they want to carry a message through media?

　　① the cost of the product
　　② the kind of media
　　③ the kind of people who are most likely to buy it
　　④ the space of print media
　　⑤ the time of broadcast media

풀이　① 제품의 비용　② 매체의 종류　③ 가장 잘 구매할 것 같은 사람들의 집단　④ 인쇄 매체의 공간　⑤ 방송 매체의 시간
　　　이 글에는 한 문장에 하나씩의 고려 요소를 적고 있다. 제품의 종류, 매체의 종류, 구매 집단 등이 광고의 주 요소이다.

 NG란?

　　'좋지 않다'(No good!)라는 뜻으로 영화 촬영이나 배우의 연기가 실패하였음을 가리킨다. 또, 사용할 수 없는 필름을 가리키기도 한다. 라디오, 텔레비전의 녹음, 녹화에도 이 말을 쓴다.

Advertising 광고

3 Outdoor advertising is one of the oldest media. It is usually colorful and strong on illustration, and it has short selling messages. Billboards are placed in locations where surveys have shown that they will be seen by large numbers of people. They range from lithographed paper sheets pasted together to the more permanent and more expensive painted bulletin (painted on the bulletin or on the side of a building) and the very costly spectacular, which uses flashing lights to attract attention. By flashing the lights in proper sequence, the spectacular can create the effect of motion, such as a coffee cup being filled. Spectaculars are sometimes controlled by computers.

　Posters are often placed in train stations and in buses and railroad trains. This is called transit advertising.

óutdoor *adj.* 옥외의　illustrátion *n.* 삽화, 밑그림　bíllboard *n.* 광고판, 게시판　survéy *n.* 조사　range from ~ to ~ 범위가 ~에서 ~까지 변하다　líthograph *v.* 석판화로 인쇄하다　paste together 풀로 붙이다　pérmanent *adj.* 영구적인　búlletin *n.* 게시판　costly *adj.* 비싼, 비용이 많이 드는　spectácular *adj.* 장관의, 볼만한 *n.* 호화판 텔레비전 쇼, 초대형 광고판　tránsit *n.* 운송, 통행

1. Which of the following is <u>not</u> mentioned in the passage as the kinds of outdoor advertising?

　　① lithographed paper sheets　② magazines
　　③ painted bulletin　　　　　　④ posters
　　⑤ spectaculars

　　풀이　① 석판화로 인쇄된 종이　② 잡지　③ 그림 게시판　④포스터　⑤ 초대형 광고판
　　　　　첫 단락의 'They range from ... to ...' 구문을 읽으면 옥외 광고의 종류가 나와 있다.

 POP 광고(Point of purchase advertisement)

　'구매 시점 광고'라고 한다. 구매(판매)되는 장소에서의 광고, 즉 소매점을 단위로 한 광고로 구매를 직접 촉진하는 역할을 한다. 메이커에서 판매 전략의 하나로 소매점에 배포하는 광고물과 소매점에서 독자적으로 제작하는 광고물이 있다.

Advertising 광고

Advertising is a big business—and a fascinating business. It combines writing, art, show business, and science.

The average advertising agency has a need for people with many different kinds of experience and talent. But opportunities are limited. Some estimates suggest that there are probably not more than a few thousand places for newcomers in advertising each year.

Most advertising jobs require the ability to use language with skill. Other important qualities are curiosity and the ability to use imagination in analyzing situations. Retail selling experience is excellent preparation for a career in advertising.

fáscinating *adj.* 매력적인 show búsiness 연예업, 흥행업 áverage *adj.* 평균적인, 일반적인 éstimate *n.* 평가, 조사 curiósity *n.* 호기심 ánalyze *v.* 분석하다 rétail *n.* 소매(상) preparátion *n.* 준비

1. The advertising jobs require the following qualities **except**

① curiosity. ② imagination.
③ language competence. ④ physical fitness.
⑤ retail selling experience.

풀이 ① 호기심 ② 상상력 ③ 언어 능력 ④ 육체적 건강 ⑤ 소매 판매 경험
'광고 직업에 필요한 자질들'은 셋째 단락에 'Most advertising jobs require the ability ... Other important qualities ...'에 서술되어 있다.

 AE(Account Executive)
광고주의 광고 활동 일체를 전문 대행업체가 맡아서 하는 제도로서, 광고 계획의 입안에서부터 제작 기술의 표현, 효과의 측정 등을 맡아서 한다.

theme 02 Broadcasting 방송

1 A radio broadcasting station is an exciting place. Programs must be broadcast precisely on schedule. To make this possible, the people who work in the station must be alert and observant. These people are vitally concerned with the world about them, and they may work closely with celebrities and other people who make the news.

A radio broadcasting station has three major departments; the program department, the technical department, and the business department. The number of persons employed by radio stations varies greatly. In small towns, stations with weak signals of a few hundred or even a few thousand watts may have only a few employees. One person may work in several departments. In large metropolitan areas, stations with strong signals of 50,000 watts or more usually have large staffs. For example, the news department alone of a major New York City station may employ more people than are on the entire staff of a station serving a small town.

bróadcast *v.* 방송하다 precísely *adv.* 정확하게 alért *adj.* 의식이 깨어있는, 긴장된 obsérvant *adj.* 관찰력이 예리한, 주의력이 있는 vítally *adv.* 긴요하게, 활발하게 be concérned with - ~와 관련되다 celébrity *n.* 명사, 유명 인사 váry *v.* 변하다 staff *n.* 직원

1. According to the passage, the people who work in the broadcasting station need to be which of the following?

① alertness
② curiosity
③ generosity
④ imagination
⑤ nervousness

풀이 ① 긴장감 ② 호기심 ③ 관대함 ④ 상상력 ⑤ 신경질
첫 단락에서 사람의 성격에 관한 형용사를 발견할 수 있다. 'alert and observant'

 연속극(Soap Opera)

'연속극'은 영어로 Soap opera라고 한다. 1930년대 경제 공황기에 미국에서는 라디오 연속극이 인기를 누렸다. 특히 낮 시간대에 방송된 연속극들은 시청자들이 주로 가정 주부들이었고, 이 연속극들에 비누 회사들이 앞다투어 상업 광고를 내보내면서 붙여진 이름이라고 한다.

Television 텔레비전   03 theme

Producing a television program combines creative, technical, and business skills. There are three basic types of television production: live, videotape, and film.

Some programs are broadcast 'live' while an event is happening. Live broadcasts include news programs and such events as football games and Thanksgiving Day parades. In a second method, called live-on-tape, a program is videotaped at a convenient time, edited, and then broadcast later. For example, a week's worth of a daily game show might be videotaped on one day. Then the five shows are broadcast one at a time. A third method is the same as that used in making movies. Scenes are recorded one at a time on motion picture film. The film is edited and then transferred to videotape for broadcast at a later time. In a variation on this method called electronic cinematography, video cameras are used to take the pictures instead of motion picture cameras.

Television production requires many skills. The people involved in a production include the director, writer, producer, lighting director, camera operator, sound director, and editor. Complex productions can include dozens of other specialists. To get an idea of the people who work on television productions, read the credits at the end of a television program.

paráde *n.* 행진, 퍼레이드 live-on-tape 비디오 녹화 convénient *adj.* 편리한 édit *v.* 편집하다 a week's worth 일주일치 one at a time 한번에 하나 scene *n.* 장면 motion picture film 영화 필름 transfér *v.* 옮기다 variátion *n.* 변이, 변화, 변용 cinematógraphy *n.* 영화 촬영술 diréctor *n.* 감독, 연출자 prodúcer *n.* 제작자 dozens of ~ 수십의 ~ spécialist *n.* 전문가 get an idea of someone 누구의 생각을 알다 crédit *n.* 크레디트. 출판물, 연극, 라디오나 텔레비전 프로그램 등에 사용된 소재의 제공자에 대한 치사

1. Which of the following is <u>not</u> stated in the passage as three basic types of television production?

① film   ② live
③ videotape   ④ writing

풀이 ① 필름 ② 생중계 ③ 비디오테이프 ④ 글
'텔레비전 제작의 3가지 기본 유형'(three basic types of television production …)은 첫 단락에 있다.

시트콤(Sitcoms)
'Situation Comedy'를 줄인 약자이다. 특별한 환경이나 상황 속에 인물들을 투입하여 생기는 우스꽝스러운 결과들을 보여주는 희극이다. 이 경우 인물의 성격이나 생각 따위는 별로 문제가 되지 않는다.

theme 03　Television 텔레비전

2　A wide variety of jobs are available in television, many of them in broadcasting. But, because many people seek careers in the field, competition for jobs is keen. Almost all broadcasting careers require a high school education, and many require a college degree. Many schools and colleges offer programs in broadcasting and video production.

The main career areas in broadcast television are programming, sales, news, production, engineering, and management. Positions are also available in independent television production companies, which hire people to write, produce, and direct television programs.

Another promising television career is in corporate and industrial video, working for one of the thousands of companies that produce video programs for businesses, governments, schools, and other groups.

competítion *n.* 경쟁　mánagement *n.* 관리, 경영　posítion *n.* (일)자리　córporate *adj.* 기업의, 법인의

1. Which of the following is <u>not</u> stated in the passage as the main career areas in broadcasting television?

　　① advertising　　　　② engineering
　　③ management　　　④ programming
　　⑤ sales

풀이　① 광고　② 엔지니어링　③ 관리　④ 프로그래밍　⑤ 판매
　　　'텔레비전 방송의 주요 직업 분야'(The main career areas in broadcast television ...)는 둘째 단락에 열거되어 있다.

　텔레비전 시청률(television ratings) **산출**

'시청률'(rating)은 표본 집단 가운데 어떤 특정 프로그램에 텔레비전 채널을 고정한 모든 가정의 비율을 말하는 것이고, '시청 점유율'(share)은 같은 시간대에 텔레비전을 켜 놓은 가정과 그 프로그램에 채널을 맞춘 가정을 비교한 것이다. 예를 들어, 어떤 프로그램이 한 주간에 시청률이 19%이고 시청 점유율이 34%라고 하자. 이것은 텔레비전을 가진 가정 가운데 19%가 한 주간 그 프로를 시청하였고, 그 프로그램이 방송되는 동안 텔레비전을 가진 가정의 34%가 그 프로그램을 시청하였다는 뜻이다.

시청률은 상업 방송의 경우 광고료와 직결되기 때문에 매우 중요하다. 방송사들이 인기 위주의 프로그램을 만들려는 까닭이 여기에 있다.

Codes 암호

1 Another way to send a secret message is to hide it within an innocent-looking text. One method of doing this is to use a grille. To make a grille, take two sheets of stiff paper and cut identical holes in each one. Then give one sheet to a friend and keep the other for yourself. Whenever you want to write a message, put the grille over a clean sheet of paper and write the secret message through the holes. Then remove the grille and fill up the rest of the paper with words that will make some sense. When the person who has the other grille puts it over the writing, the secret message will be revealed.

grílle *n.* 격자, 그릴(비밀 전문을 주고받을 때 쓰는 암호 작성 및 해독 장치)   idéntical *adj.* 똑같은   remóve *v.* 제거하다   revéal *v.* 드러내다, 노출하다

1. Which of the following most likely precedes this passage?

　　① Another innocent-looking text
　　② Another method to make a grille
　　③ One method to write a message
　　④ One way to reveal a secrete message
　　⑤ One way to send a secrete message

　　풀이 ① 평범해 보이는 또 다른 텍스트 ② 그릴을 만드는 또 다른 방법 ③ 메시지를 쓰는 한 가지 방법 ④ 비밀 메시지를 찾아내는 한 가지 방법 ⑤ 비밀 메시지를 보내는 한 가지 방법
　　앞 단락의 내용은 일반적으로 이 글의 첫 문장을 통해 유추할 수 있다. 첫 문장의 'Another way to send a secret message'를 힌트로 한다.

암호의 역사

1. 로마 시대 시저는 자신의 장군들에게 메시지를 보낼 때 암호 사용.
2. 미국의 독립 전쟁 때 조지 워싱턴은 자신의 첩자들이 그에게 영국군의 정보를 암호로 보내도록 하였다.
3. 2차 세계대전 때는 미국이 일본 해군의 암호를 해독하여 일본 함대를 격파하였다.
4. 16세기 Galileo Galilei는 금성(Venus)의 위상을 발견하고서 암호로 기록하였다.

Communication 커뮤니케이션

1 The chief means of communication are the brain and the senses. Human beings use mainly the senses of seeing and hearing. But they may use other senses, too. People who cannot see or hear sometimes learn to communicate by the sense of touch. Sightless people read by touching raised letters with their fingertips. People who cannot hear or speak but can see communicate by using a special hand language and finger alphabet.

Communication makes it possible for people to share their knowledge, add to it, and pass it on to the next generation. By communicating, each person adds ideas to the pool of ideas for others to use. Imagine how it would be if there were no communication. People would have to find out everything themselves. They would have to make everything they used. Each person would have to start all over from the beginning.

sightless people 맹인들 raised letters 점자(點字) fingertip *n.* 손가락 끝 a special hand language and finger alphabet 수화(手話) pool of ideas 사상의 저장소

1. Which of the following is <u>not</u> mentioned in the passage as the means of communication?

① computer ② hearing
③ seeing ④ touching
⑤ a special hand language and finger alphabet

풀이 첫 단락에 등장하는 커뮤니케이션 방법으로는 일반적인 '보기(seeing), 듣기(hearing)' 외에도, 장애자들을 위한 '점자(촉각)'와 '수화'가 있다.

커뮤니케이션의 수단

북소리(drums) 연기와 빛의 신호(smoke and light signals) 종소리(bells) 총소리(guns) 기호(signs) 신호(signals) 몸짓(gestures) 말(speech) 글(writing) 인쇄(printing) 사진(photography) 전보(telegraph) 전화(telephone) 라디오 텔레비젼(television) 위성(satellites) 컴퓨터(computers) 축음기(phonograph) 녹음기(tape recorder) VTR(videotape recorder) 우편(postal service)

Communication 커뮤니케이션

2 The tools for mass communication are sometimes called mass media. Printing was the first such tool. With the development of printing, more and more books recorded ideas and spread them to more and more people. Many people, not just a few, could share information. Almost all knowledge is stored in books ready for anyone who wants it. Within the past century, a great number of public libraries have grown up. People can borrow books as well as buy them. People can read more books than they can afford to buy.

Magazines reach even more people than do books. Over the past century, magazine publishing has grown into a giant industry. Millions of people read magazines. Because they appear regularly and often and are printed more rapidly than books, magazines can publish news more quickly and offer opinions on public affairs.

Newspapers move even more quickly than magazines to print news and opinions. And they are read by even more people. The United States and Canadian newspapers reach many millions of readers a day.

mass communicátion 매스커뮤니케이션, 매스컴 mass média 매스미디어 affórd v. ~을 할 수 있다 públic affáirs 공공의 문제

1. What kind of mass media is mentioned in the passage?

① advertising ② broadcasting
③ internet   ④ printing
⑤ satellite

풀이 ① 광고 ② 방송 ③ 인터넷 ④ 인쇄 ⑤ 위성
이 글에 서술되는 'books, magazines, newspapers' 등은 모두 '인쇄 매체'(printing media)이다.

 컴퓨터 범죄(Computer crime)
　DT 범죄(data processing crime)라고도 한다. 컴퓨터와 관련하여 발생하는 범죄로서 컴퓨터의 보급과 더불어 매년 증가하고 있다. 수법은 프로그램을 바꿔 쓴다거나, 부정한 데이터를 입력하여 돈을 사취하거나, 암호(password)를 알아내 국가 기밀 자료나 개인의 프라이버시 정보를 훔치는 것 등 다양하다.

theme 05 Communication 커뮤니케이션

3 Computers are machines that are storehouses for all kinds of information. In recent years, small and large computers have kept many records relating to the lives and activities of citizens. Among such records are those dealing with school grades, social security, taxes, consumer credit, driving records, insurance policies, health and hospital treatments, bank deposits and loans, arrests and convictions, and memberships in organizations.

These records can be easily retrieved and reproduced. They are helpful in crime detection, as well as in national security matters. But such records can also be abused. Keeping all these records in centralized places may deprive people of the right to privacy and may encourage surveillance of private individuals who have done no wrong.

Computer networks have been established over telephone lines. A central computer can send and receive information by telephone to or from a distant computer terminal. The terminal may be a typewriter-like device that can print out the central computer's information, or the terminal may have a video screen that displays the information.

---

relating to – ~와 관련된 school grade 학교 성적 social secúrity 사회보장 consúmer crédit 소비자 신용 dríving récord 운전 기록 insúrance pólicy 보험 정책 tréatment *n*. 치료 bank depósit 은행 예금 loan *n*. 대출 arrést *n*. 체포 conviction *n*. 유죄판결 retríeve *v*. 수정하다, 복구하다 crime detéction 범죄 수사 nátional secúrity 국가 안보 abúse *v*. 남용하다 depríve someone of – 누구에게서 ~을 빼앗다 survéillance *n*. 감시 do wrong 잘못하다 términal *n*. 컴퓨터 단말기, 단자

---

1. Which of the following is <u>not</u> stated in the passage as the means of computer communication?

① reforming information   ② reproducing information
③ retrieving information   ④ sending information
⑤ storing information

풀이 ① 정보 개혁 ② 정보 재생 ③ 정보 수정 ④ 정보 송신 ⑤ 정보 저장
각 단락의 첫 문장이나 둘째 문장에서 알 수 있듯이, 첫 단락은 'storing', 둘째 단락은 'retrieving and reproducing', 셋째 단락은 'sending and receiving'의 기능들이 있다.

 컴퓨터 네트워크(computer network)

복수의 컴퓨터 또는 한 대의 초대형 컴퓨터와 다수의 단말기를 통신 회선으로 연결하여 효율적인 데이터 전송을 하기 위한 통신망을 말한다. 각국의 정부나 대기업 등 거대 조직의 정보처리에 이 네트워크가 많이 사용되고 있다. 앞으로는 초대형 컴퓨터를 필요로 하는 데이터 집중형보다는 소형 컴퓨터로 분산될 것으로 보인다.

Journalism 언론

In a democracy, journalism performs a very important role: to inform the public of events that affect their lives. Journalists are often referred to as the eyes and ears of citizens who cannot attend every meeting of a legislative body or corporate board. To vote responsibly, people must rely on credible journalists to provide accurate and timely information regarding public issues.

Besides informing the public by reporting the news, journalists also interpret the news, usually through background articles and editorials. At times journalists suggest what actions the public should take; they may also give their opinions of the likely results of a particular policy or event.

Journalism plays a key role in social reform. Journalists called investigative reporters probe into the activities of government and business and expose wrongdoing. This 'watchdog' role is very important in protecting the interests of the public.

A fourth function of journalism is to entertain. In addition to serious news topics, journalists also present human-interest stories, humorous commentaries, and information on popular culture. They brings us lively and interesting information about the world around us.

jóurnalism *n.* 언론 jóurnalist *n.* 언론인 infórm *v.* 알리다 législative *adj.* 입법의 legislative body 입법부 córporate board 기업(법인) 이사회 respónsibly *adv.* 책임감 있게 crédible *adj.* 믿을 만한 áccurate *adj.* 정확한 tímely *adj.* 시기 적절한 públic íssue 공공 문제 intérpret *v.* 해석하다 báckground árticle 배경 기사 editórial *n.* 신문의 사설 sócial refórm 사회 개혁 invéstigate *v.* 수사하다, 조사하다 invéstigative repórter 수사 기자 probe *v.* 조사하다(= investigate) expóse *v.* 들춰내다 wróngdoing *n.* 비행(非行), 잘못 watchdog role 파수꾼 역할 éntertain *v.* 즐겁게 하다, 접대하다 human-interest 인간적 흥미의 cómmentary *n.* 해설, 주석

1. Which of the following is <u>not</u> the main functions of journalism?

   ① entertaining   ② informing
   ③ interpreting   ④ legislation
   ⑤ social reform

풀이 ① 오락 ② 알림 ③ 해설 ④ 입법 ⑤ 사회 개혁
마지막 단락의 첫 문장에 'A fourth function of journalism'을 단서로 나머지 세 단락의 첫 문장을 중심으로 핵심어를 찾는다.

 제 4부

민주주의 사회에서는 언론이 가지는 비중이 크기 때문에 그 기능이 국가의 3부(입법, 사법, 행정)와 견줄 만한 위치라 하여 언론 기관을 제 4부라고 한다. 또한 언론인을 제 4계급이라 칭하기도 한다.

theme 06 Journalism 언론

2 Print media will always retain a key role in journalism, because newspapers, magazines, and newsletters are so portable and inexpensive. Increasingly, however, more and more news is received electronically. Both newspapers and magazines are beginning to experiment with electronic distribution through CD-Rom's and computerized information networks. These multimedia technologies, combining text, sound, and images, are likely to play a role in the future of journalism.

With the growth of computer use, and the capability of users to communicate back and forth rather than just receive information, some predict that people will get their news more directly, in ways that they control more than the journalist does.

Regardless of changes in technology, the mission of journalism will still be to tell what is happening in the world as quickly, comprehensively, and truthfully as possible.

retáin v. 보유하다 néwsletter n. 회보, 시사 회보 pórtable adj. 이동식의 incréasingly adv. 점점 expériment n. 실험 distribútion n. 배포 back and forth 앞뒤로 regárdless of ~ ~에도 불구하고 comprehénsively adv. 알기 쉽게

1. According to the passage, which of the following plays a role in the future of journalism?

① broadcasting technologies
② computer use
③ electronic distribution
④ multimedia technologies
⑤ printing industries

풀이 ① 방송 기술 ② 컴퓨터 이용 ③ 전자식 배포 ④ 멀티미디어 기술 ⑤ 인쇄 산업
'언론의 미래에 영향을 미치는'(play a role in the future of journalism) 것은 첫 단락의 마지막 문장에 서술되어 있다.

타블로이드(tabloids)란?

일반 신문 크기의 절반 되는 신문을 일컫는 말로 1900년경에 처음 쓰였다. 타블로이드 신문은 뉴스를 요약해서 싣거나 삽화를 많이 넣었다. 충격적인 범죄나 폭력, 스캔들을 실었기 때문에 타블로이드라는 말은 '센세이셔널리즘'과 연관되는 말이 되었다. 주간지, 학교신문 등에 주로 쓰였는데 오늘날에는 일간지로도 이용된다. 충격적인 이야기나 스캔들을 다루는 텔레비전 뉴스 프로그램도 흔히 타블로이드라고 한다.

Magazines 잡지

Magazines are divided into general-or special-interest magazines, sometimes called consumer magazines, and business magazines, sometimes called trade magazines. There are also scholarly journals, which report on research in various fields. A business magazine deals with the commercial and financial aspects of a particular business. Special-interest magazines, sometimes called hobby magazines, contain information on a specific subject—computers or horseback riding, for example. General-interest magazines are designed to appeal to a wide variety of readers. They include newsweeklies, which summarize the news, and digests, which reprint material from other publications. Some carry articles of interest to certain reader groups—men, women, or children, for example. Intellectual and opinion magazines analyze current events. General- and special-interest magazines are sold on newsstands or by subscription.

géneral-ínterest mágazine 일반 흥미 잡지 spécial-ínterest mágazine 특별 흥미 잡지 schólarly jóurnals 학문적인 간행물 fináncial áspect 재정적인 측면 hórseback riding 승마 néwsweekly n. (시사)주간지 súmmarize v. 요약하다 (cf. súmmary n. 요약) publicátion n. 출판물 árticle n. 기사, 글, 기고문 ánalyze v. 분석하다 cúrrent adj. 시사적인 néwsstand n. 가판대, 거리의 신문 판매대 subscríption n. 정기 구독

1. Which of the following kind of magazines in <u>not</u> mentioned in the passage?

① business magazines ② consumer magazines
③ hobby magazines   ④ school magazines
⑤ trade magazines

풀이 ① 비즈니스 잡지 ② 소비자 잡지 ③ 취미 잡지 ④ 학교 잡지 ⑤ 상업 잡지
이 글에 나오는 잡지(magazine or journal)이름을 모두 찾으면 된다.

 무크(mook)란?

'무크(mook)란 잡지(magazine)와 책(book)의 합성어로 이 두 가지 성격을 가진 책을 말한다. 우리 나라에서는 '부정기 간행물'이라고 한다. 1970~80년대 군사 독재 시절에 반정부 비판을 하던 많은 정기 간행 잡지들이 강제 폐간되자 이 잡지들은 일반 도서처럼 부정기적으로 출간되어 시민들에게 진실을 알리려고 애썼다. 이 말이 처음 사용된 것은 1971년 런던에서 개최된 국제 잡지 협회의 18차 회의에 제출된 보고서에서였다. 미국에서는 '메거북'(magabook), '부커진'(bookazine)이라고도 하며 뉴욕에는 '부커진사(社)'라는 도서 배급사도 있다.

theme 08 Newspapers 신문

1 When a writer on the newspaper is told to 'cover,' or write about, an event, he or she is expected to report it fairly and truthfully. However, newswriters seldom witness the events they are covering and must draw their information from others, preferably those who did see or experience them. Sometimes they must evaluate or interpret what they hear. Can they be sure of writing the truth? It may be difficult, especially when the people they interview do not agree on the facts of what happened.

Sometimes newspapers are accused of not telling the truth, even those that have tried to build a reputation for honesty. Where does the truth lie? Readers can check other sources, such as television, radio, books, and newsmagazines, but must ultimately decide for themselves. When making a judgement, it helps to understand the difference between news and opinion and to be skeptical of early news reports.

Have you ever seen a newspaper headline that you doubted? How does one identify those newspapers that maintain a policy of truthful reporting? Over time, a newspaper can gain a reputation for truthful newswriting and for making opinions clearly recognizable by its placement and treatment. Every newspaper must earn that reputation, and keep it, through consistent performance.

cóver *v.* 취재하다 fairly *adv.* 공정하게 witness *v.* 목격하다 preferably *adv.* 오히려, 차라리 eváluate *v.* 평가하다 intérpret *v.* 해석하다 agrée on ― ~에 대해 의견을 같이 하다 be accused of ― ~때문에 기소되다 reputátion *n.* 명성 build/gain/earn a reputation 명성을 쌓다/얻다 source *n.* 출처, 원천 últimately *adv.* 궁극적으로 make a judgement 판단을 하다 sképtical *adj.* 의심 많은, 회의적인 be skeptical of ― ~을 의심하다 newspaper headline 기사제목 récognizable *adj.* 알아보기 쉬운 consístent *adj.* 지속적인

1. What is the topic of this passage?

① Making opinion
② Newspaper headlines
③ News reports
④ Reputation for honesty
⑤ Truthful reporting

풀이 ① 의견 개진하기 ② 신문 기사 제목 ③ 뉴스 보도 ④ 정직의 명성 ⑤ 진실 보도
이 글에서 가장 자주 등장하는 말은 'report truthfully, writing the truth, tell the truth, honesty, truthful reporting, truthful newswriting' 등이다.

 신문 기사의 제목(headline)을 쓰는 사람

신문 기사의 제목(headline)은 그 기사를 쓴 기자가 쓰는 일이 거의 없다. 편집자가 쓴다. 기사의 제목은 가장 간단한 말로 기사의 내용을 잘 전달하여 독자의 관심을 끌 수 있는 표현이어야 한다. 좋은 기사 제목을 쓰는 데는 경험과 재능이 필요하다.

Newspapers 신문

A press release is a document used by civic groups, corporations, promoters, advertising agencies, and government offices, as well as by private citizens, to get news to the newspaper. Anyone can write a press release and send it to the newspaper. Persons who write press releases must understand that the paper may or may not use them, depending on the volume of other news available at the time it is received. Most of the time, the paper will print press release information if it is of interest to the general public.

If you write a press release, be sure to provide enough information. For guidance, follow the journalist's method of writing a story. Remember the five W's and the H: Who, What, When, Where, Why, and How. Who did or is doing what? When are they doing it and where? Why are they doing it and how? Do not worry too much about style — the paper will do any rewriting that may be necessary.

press reléase 보도자료(= news release) dócument *n.* 문서 civic group 시민 단체 corporátion *n.* 기업 promóter *n.* 흥행주, 프로모터 ádvertising ágency 광고 회사 depending on ~ ~에 따라 vólume *n.* 양 the general public 일반 대중

1. What is the best topic of the passage?

① A document ② A press release
③ The general public ④ The journalist's method of writing
⑤ The volume of news

풀이 ① 문서 ② 보도 자료 ③ 일반 대중 ④ 언론인의 글쓰는 방식 ⑤ 뉴스의 양
첫 문장에 주어로 나와 있는 주제어이다. 글 전체에서도 가장 자주 등장하고 있다.

 신문 용어

① reporter 기자
② editor 편집 기자
③ chief editor 편집장
④ headline 제목
⑤ story 기사
⑥ press release 보도 자료 (= news release)
⑦ circulation 발행 부수

theme 09 Opinion Polls 여론조사

1 These kinds of polls are usually done by or for television networks, newspapers, government agencies, political candidates or parties, or other organizations that have an interest in a particular public issue. Probably the best-known surveys of this type are political candidate preference polls. A typical question might be, "If the election for president (or governor or senator) were being held today, who do you think you would vote for, the Democrat John F. Kennedy or the Republican Richard M. Nixon?"

Public opinion polls can also ask questions about the environment, unemployment, schools, the best place to live, or other subjects. Sometimes the questions and subjects are serious and are intended to provide people with important information. Sometimes they are designed primarily to interest or amuse readers and viewers.

poll *n*. (여론)조사 cándidate *n*. 후보자, 지망생 political party 정당 survéy *n*. 조사 préference *n*. 선호도 Démocrat (미) 민주당원 Repúblican (미) 공화당원 públic opínion poll 여론조사 envíronment *n*. 환경 unemplóyment *n*. 실업 be intended to do ~할 의도인

1. What is the best topic of this passage?

① election　② information
③ issue　④ polls
⑤ vote

2. According to the passage, which of the following is <u>not</u> mentioned as the questions open asked by the public cpinion polls?

① environment　② political preference
③ privacy　④ schools
⑤ unemployment

풀이 1. ① 선거 ② 정보 ③ 문제 ④ 여론조사 ⑤ 투표
　　　　각 단락의 첫 문장들의 주어이자 핵심어로 나와 있다.
　　2. ① 환경 ② 정치적 선호도 ③ 프라이버시 ④ 학교 ⑤ 실업

여론조사의 진행

① Data Collection and Interviewing(자료 수집과 면접 조사)
② The Sample(표본 작성)
③ The Questionnaire(설문)
④ Tabulating and Analysis(도표 작성과 분석)

Public Relations (PR) 홍보

Public relations tries to win the confidence and goodwill of people. No company, government agency, school, hospital, or other institution can flourish if it pays no attention to what the people think of it. Public relations is the activity of giving a business or other organization information about how its actions might affect public opinion — or how public opinion might affect its actions. It is also the job of the public relations officer to tell the public about a company's activities, plans, or ideas. This is necessary because people are likely to have more confidence in a company if they know something about it.

Most large companies have a public relations department, which tells the public about the company's plans and activities. The department is made up of writers, editors, photographic and picture experts, and researchers.

There are many ways to reveal a company's activities and character. A very effective one is through speeches by officials of the company before organizations such as the local chamber of commerce and various clubs. The speeches are usually reported in the newspapers and are often reprinted for distribution to government officials, educators, journalists, and others who might be interested in the company's views. Printed pamphlets and booklets, including the company magazine and the annual report of the management to the shareholders, also help inform the public about a company. Motion-picture films are often used to show people something about a company. A company may also, as a public service, undertake projects not directly connected with its business, to help make society better.

public relation 홍보(PR) góodwíll *n.* 호의 públic opínion 여론 chámber of commérce 상공회의소 distribútion *n.* 배포 pámphlet *n.* 팜플렛 bóoklet *n.* 소책자 sháreholder *n.* 주주 motion-picture film 영상 필름 undertáke *v.* 떠맡다

1. Which of the following is not stated in the passage as the means to reveal a company's activities?

① booklets ② films
③ pamphlets ④ public opinion polls

풀이 '기업 활동을 홍보하는 수단'(ways to reveal a company's activities and character)은 셋째 단락에 설명되어 있다. 답지를 먼저 보고 셋째 단락의 홍보 방식들과 비교 확인한다.

Public Relations (PR) 홍보

 홍보(Public relations)와 광고(Advertising)의 차이점

광고와 홍보는 다같이 대중의 신뢰와 호의를 얻으려는 점은 같다. 하지만 광고는 사람들이 자기 회사의 제품이나 서비스를 구매하도록 하기 위함이고, 홍보는 자사나 자사의 활동에 대한 이해와 인정을 구하는 것이다. 어떤 의미에서는 홍보도 제품이 아닌 회사에 중점을 두는 '이미지 광고'의 한 형태라고 할 수 있다.

Publishing 출판   11 theme

Publishing is the business of bringing the printed word to the public in books, magazines, and newspapers. Thousands of men and women work in publishing. Some are writers, some are editors, who adapt the writers' works, and others are in charge of putting the publication together. Still others handle the publicity and advertising that bring the publication to the attention of the reading public.

In book publishing an author submits his manuscript to a publishing house. Some publishing houses, particularly those that publish encyclopedias, have their own teams of staff writers who are assigned articles on different subjects. Newspapers are almost completely written by staff writers and reporters who are experts in different areas of the news. Newspapers have their own printing presses so that they can print the news almost as soon as it happens.

Magazine publishing has some of the characteristics of both book and newspaper publishing. Weekly news magazines are published in much the same way as newspapers, although they are printed by an outside printing press. The monthly or biweekly magazines assign articles in advance, just as publishers of encyclopedias and other reference works do.

públishing n. 출판(= publication) (cf. publish v. 출판하다) éditor n. 편집자 be in charge of - ~을 책임지고 있는 put - together ~을 조립하다, 종합하다 publícity n. 홍보, 널리 알림 atténtion n. 관심, 주의 reading public 독자 대중 submít v. 제출하다 mánuscript n. 원고 encyclopédia n. 백과사전 assígn v. 맡기다 árticle n. 기사, 기고 biwéekly adj. 격주의, 2주에 한번의 in advánce 미리 réference n. 참고

1. According to the passage, which of the following works in <u>not</u> needed in publishing?

① advertising   ② editing
③ programming   ④ publication
⑤ writing

풀이 ① 홍보 ② 편집 ③ 프로그래밍 ④ 발행 ⑤ 글쓰기
첫 단락에 출판업에 종사하는 사람들이 열거되어 있다. 일하는 분야를 참고할 것.

세계 3대 도서 전시회

1. 독일 프랑크푸르트 도서전 : 매년 10월에 열리는 세계 최대 규모의 도서 전시회이다.
2. 미국 ABA 도서전 : 미국 서적상 협회(American Booksellers Association)의 주관으로 매년 5월 미국 시카고에서 열린다.
3. 이탈리아 볼로냐 아동 도서전 : 매년 2월에 열리는 세계 최대 규모의 아동 도서 전시회이다.

theme 12 Amateur Radio 아마추어 무선통신

1 To obtain a station and operator's license, you must pass a short written examination that tests your knowledge of operating regulations and simple radio theory. You also must prove that you can send and receive international Morse code at five words per minute.

International Morse code is composed of dots and dashes. It is used by commercial and amateur stations in every part of the world. It is the best way to send a radio signal over a great distance under almost any conditions.

Learning the code requires constant practice. Try to associate each letter with its complete set of sounds instead of its individual dots and dashes.

There are five license levels: Novice, Technician, General, Advanced, and Amateur Extra. Each requires a better understanding of radio technology and a greater proficiency in Morse code than the previous level. The higher your level, the more privileges you have.

HAM 아마추어 무선사 óperator n. 통신사 operating regulátion 통신 규정 prove v. 증명하다 morse code 모스 부호, 국제 무선통신 부호 dot n. 점 assóciate v. 결합하다 nóvice n. 초보자(= beginner) technícian n. 기술자 advánced adj. 고급 수준의, 발전된 profíciency n. 숙달 prévious adj. 이전의 prívilege n. 특전

1. Which of the following is <u>not</u> included in the five levels to obtain an amateur radio operator's licence?

① Advanced   ② Amateur Extra
③ Average   ④ Novice
⑤ Technician

풀이 ① 고급 ② 아마추어 ③ 평균 ④ 초보자 ⑤ 기술자
'면허의 5단계(five licence levels)'는 마지막 단락에 기술되어 있다.

국제 모스 부호 (International Morse Code)

```
A ·-      B -···   C -·-·   D -··    E ·      F ··-·   G --·
H ····    I ··     J ·---   K -·-    L ·-··   M --     N -·
O ---     P ·--·   Q --·-   R ·-·    S ···    T -      U ··-
V ···-    W ·--    X -··-   Y -·--   Z --··
Period ( . ) ·-·-·-      Comma ( , ) --··--
Query ( ? ) ··--··       Error ········
```

Sound Recording 녹음　13 theme

Today's music listener has a wide variety of equipment choices for making and enjoying recorded sound. The following audio components, in combination, make up a complete stereo system: The record player consists of a rotating turntable, a stylus (needle) contained in a cartridge, and a tonearm that holds the stylus in position in the record groove.

The compact disc player has now become a primary stereo component, in many cases replacing the record player. A cassette tape recorder also is often included in a modern stereo system.

The tuner receives radio broadcasts, usually both AM and FM stations. The preamplifier strengthens the electrical signal coming from the record player or other components. It also contains volume and tone controls for the stereo system.

The power amplifier provides power to the loudspeakers. It may be combined with the preamplifier in a component called an integrated amplifier. The integrated amplifier and the tuner are often combined in one housing called a receiver.

compónent *n.* 부품, 요소, 조립　rotáte *v.* 회전하다　túrntable *n.* 턴테이블, 회전반　cártridge *n.* 카트리지, 상자　tónearm *n.* 바늘 손잡이, 톤 암　record groove 레코드판의 홈　prímary *adj.* 기초적인　repláce *v.* 교체하다　tuner *n.* 튜너　ámplifier *n.* 앰프, 증폭기　stréngthen *v.* 강화하다　lóudspeaker *n.* 스피커　íntegrate *v.* 통합하다

1. Which of the following components does <u>not</u> make up the modern stereo system?

　　① cassette tape recorder　　② compact disc player
　　③ integrated amplifier　　　④ microphone
　　⑤ tuner

　　풀이　① 카세트테이프 녹음기　② CD 플레이어　③ 통합 앰프　④ 마이크　⑤ 튜너
　　　　　각 단락마다 한 가지씩의 부품을 설명하고 있다. 또, 마이크는 스테레오 시스템이 아니다.

음반의 종류

1. Phonograph Records(축음기 음반)
2. Motion Picture Sound Track(영화 필름 사운드 트랙)
3. ① Magnetic Tape(자기 테이프) : Cassette Tapes(카세트 테이프)
　② Digital Audio Magnetic Tape(디지털 오디오 자기테이프) : Digital Audio Tape(DAT) - 녹음 기술자용
　Digital Compact Cassette(DCC) - 일반 가정용
4. Optical Discs(광디스크) : Compact Discs(CD)
　Mini-Disc(MD) : 자기 시스템(magnetic system)과 광 시스템(optical system)의 조화 시스템

theme 14 Telecommunications 원격 통신

1 When connected by modems, computer users around the world can upload, or send, and download, or receive, information over telephone lines. In this way, they can communicate with other computer users and have access to a broad range of information and services. For a fee, a computer user can be connected to a commercial telecommunication service such as America Online, CompuServe, or Prodigy. They will then have access to census data, travel and event reservation services, shopping networks, electronic mail and bulletin boards, and vast networks of other information databases and services.

The Internet, a worldwide network of online services that began as a series of computer networks connecting university and government scientists and engineers, is now accessible to individuals through some of the commercial services. Many other smaller computer networks also provide information and special services tailored to meet the particular needs of their network members. All together, these networks form a key part of what is being called the information superhighway.

---

módem *n.* 모뎀, 컴퓨터의 변조 장치 upload *v.* 실어 보내다 download *v.* 내려 받다 accéss *n.* 접속, 접근 accéssible *adj.* 접속이 가능한 fee *n.* 요금 pródigy *n.* 천재, 괴짜 cénsus data 통계자료 evént reservátion sérvice 이벤트 준비 서비스 táilored to meet ~ ~에 맞춘 informátion súperhighway 정보 초고속도로

1. Which of the following makes computer users send and receive information over telephone lines?

① internet ② modem
③ online service ④ prodigy
⑤ superhighway

풀이 ① 인터넷 ② 모뎀 ③ 온라인 서비스 ④ 천재 ⑤ 초고속도로
컴퓨터가 전화선을 이용해 정보를 주고받게 하는 장치는 첫 문장에 바로 나와 있다.

 텔레콤(Telecom)이란?

'원격 통신'이라는 말의 'Telecommunication'을 줄여서 약자로 표현한 말이다. 전신, 전화, 라디오, 텔레비전 등이 모두 이 원격 통신 장비에 포함된다. 최근에는 컴퓨터가 매우 훌륭한 원격 통신 수단으로 등장하였다.

Telecommunications 원격 통신

The rapid growth in the use of computers brought about an important new use for the telephone. It was put to work sending information to computers at a distance. This process is called data transmission. A special kind of telephone, known as the data terminal, was developed for this purpose. Computers are also able to communicate over regular telephone lines. A device called a modem translates computer signals into signals that can travel on telephone wires, thus allowing a computer to 'talk' to another computer thousands of miles away.

A business that has several branches in different cities may use many small computers and data terminals to connect each branch with a central computer. More and more modern businesses are transmitting information from one location to another across networks of interconnected computers as well as 'peripherals' (electronic and video apparatus connected to the computer).

bring about 일으키다, 발생시키다   at a dístance 멀리 떨어진   data transmíssion 자료 전송   data términal 자료 단말기
tránslate *v.* 변조하다, 번역하다   perípheral *n.* 주변장치   appáratus *n.* 장치

1. What is a special kind of telephone developed for data transmission through the computers?

① central computer   ② data terminal
③ modem   ④ peripheral
⑤ telephone line

풀이 ① 중앙 컴퓨터 ② 자료 단말기 ③ 모뎀 ④ 주변장치 ⑤ 전화선
'자료 전송(data transmission)용으로 특별히 개발된 전화(special kind of telephone)'는 첫 단락의 셋째 문장과 넷째 문장에 있다.

 **PC 통신**

컴퓨터가 원격 통신 수단으로 등장하게 된 가장 핵심적인 요인은 바로 이 PC 통신이다. 이제 사람들은 가상의 공간에서 의사를 소통하고, 물건을 팔거나 구입하고, 자기가 원하는 시간에 필요한 각종 정보를 얻고 있다.

theme 15 Telegraph Service 전신

1 Telegrams and cablegrams may be sent for immediate or next-day delivery. In either case, the length of the message determines the cost. A Mailgram message is sent by telegraph and delivered by a postal carrier, usually the next day.

People can also send money orders by telegraph. The money order is purchased at the sending office. When the receiving office gets the order, it releases the specified amount of money to the receiver.

Some business firms and other telegraph users have telegraph equipment in their offices, so that they can send and receive messages directly. Telex and TWX systems are telegraph networks that provide direct links between subscribers.

Pictures, graphs, and handwritten documents can be sent over telegraph lines by means of facsimile equipment. Typically, a facsimile machine translates the light and dark areas of a picture into an electrical code, which is then transmitted. Facsimile transmission is popularly known as fax.

télegram *n.* 전보 cáblegram *n.* 해외 전신 next-day delivery 다음날 배달 máilgram *n.* 텔레타이프형 전자우편 télegraph *n.* 전신 póstal cárrier 우편배달부 money order 우편환 púrchase *v.* 구매하다 reléase *v.* 놓다, (돈을) 지급하다 spécify *v.* 명시하다, 상술하다 télex 텔렉스(= TWX system) súbscriber *n.* 구독자, 기부자 facsímile *n.* 팩스 electrical code 전기 부호 transmít *v.* 보내다

1. Which of the following is <u>not</u> mentioned in the passage as the means of telegraph services?

　　① cablegrams　　　　② E-mail
　　③ facsimile　　　　　④ telegrams
　　⑤ telex

> 풀이 ① 해외 전신 ② 전자우편 ③ 팩스 ④ 전보 ⑤ 텔렉스
> 　　　각 단락마다 설명된 전신 서비스의 명칭을 모두 찾아본다. telegrams, cablegrams, Mailgrams, telex(TWX system), facsimile 등이다.

전신(Telegraph services)의 종류

① telegram : 전보
② cablegram : 해저 전신, 외전(外電)
③ Mailgram : teletype형 전자우편이다. 미국에서 주로 한다.
④ Telex(= TWX : teletypewriter+exchange) : 가입자가 교환 접속에 의하여 teletypewriter로 교신하는 통신 방식
⑤ Facsimile(= Fax) : 사진 전송, 복사 전송 장치

Telephone 전화   16 theme

Today telephones are available with many special features. Cordless home telephones are now quite common. A cordless telephone consists of a portable handset, complete with dialing and switchhook mechanisms, linked to a base unit by a two-way radio connection rather than wires. Calls can be made and received within several hundred feet of the base unit.

Cellular telephones are portable units that can be used away from home— in a car, for example. A call from a cellular telephone travels by two-way radio to a transmitter-receiver base station. These stations are set up in a network, with each one covering a specific cell, or area. As the user moves from one <u>cell</u> to the next, the call is automatically connected to the nearest station. Similar radiotelephones are used aboard ships and airplanes.

cordless home telephone 가정용 무선 전화 pórtable *adj.* 이동식의 hándset *n.* 송수신기, 수화기 compléte with - ~을 갖춘 swítchhook *n.* 스위치후크 base unit 본체 전화기 two-way radio 송수신 양용 무선 전신 céllular telephone 이동 전화 base station (이동 전화의) 기지국 cell *n.* 셀, 통화 구역(= area, zone) radiotélephone *n.* 무선 전화

1. The underlined word <u>cell</u> means which of the following?

　　① area　　　　　　② call
　　③ network　　　　④ station
　　⑤ unit

　　풀이　① 통화 구역 ② 통화 ③ 네트워크 ④ 기지국 ⑤ 단자
　　　　　글 가운데서 'cell'을 찾아보면 다른 말로 'area'라고 함을 알 수 있다.

 핸드폰(hand phone ?)

우리가 흔히 쓰는 '핸드폰'(hand phone)이라는 말은 영어에는 없는 표현이다. 영어로는 'Mobile Phone' 또는 'Cellular Phone' 즉, '이동 전화'나 '휴대 전화'가 맞는 말이다.

theme 17 Video Recording 비디오 녹화

1 One of the most important developments for the VCR was the development of cassette tape that was narrower than the tape originally in common use. In 1983 more than 100 companies agreed to produce tape of a standard width and design. This meant that a VCR could play cassettes produced by many different manufacturers.

A recent development is that of 'interactive' video recordings. With the aid of a computer, the user of a videotape recorder will be able to ask questions, receive answers, and be guided to further information within the recorded material.

In the field of videodisc recording, an important development will be videodiscs that can be erased and reused. The first erasable, reusable, laser-recorded videodisc was demonstrated in 1983.

Video recording technology is changing rapidly. The latest developments of today may well seem obsolete and even primitive in another decade.

in common use 일반적으로 사용하는 interáctive *adj.* 대화식의, 상호작용의 eráse *v.* 지우다 reúse *v.* 다시 쓰다 laser-recorded 레이저로 녹화된 may well 당연히 ~일 것이다 óbsolete *adj.* 쓸모 없는 prímitive *adj.* 원시적인 décade *n.* 십 년

1. The underlined word <u>interactive</u> is closest in meaning to

① be able to ask questions, receive answers
② be changing rapidly
③ be narrower than the tape originally in common use
④ can be erased and reused
⑤ seem obsolete and even primitive

풀이 ① 질문을 하고 대답을 받을 수 있는 ② 급속히 변하는 ③ 본래 일반적으로 사용되던 테이프보다 더 좁은 ④ 지워지고 다시 쓸 수 있는 ⑤ 쓸모 없고 심지어 원시적으로 보이는
둘째 단락의 'interactive' 다음 문장이 바로 그 뜻을 설명하는 문장이다.

 가정용 비디오카세트 시스템에서 VHS와 Beta 방식의 차이점은?

1. 테이프 카세트의 규격이 다르다.
2. 테이프가 헤드를 작동시키는 Video Cassette Recorder(VCR)을 감는 방식이 다르다.
3. 녹음 시간이 다르다. Beta 카세트의 최대 녹음 시간은 5시간이고, VHS 카세트의 최대 녹음 시간은 8시간이다.
4. 둘 다 ½인치 마그네틱테이프를 사용하는 것은 같다.

정답과 번역

Social Sciences

제 1 장

1 (1) ④ (2) ②　　2 1. ④ 2. ③　　3 1. ③ 2. ②　　4 1. ③ 2. ③　　5 ②
6 1. (1) ④ (2) ① 2. ③　　7 1. ②　　8 1. ③ 2. ③　　9 ④　　10 1. ① 2. ①　　11 1. ①
2. (1) ② (2) ③ 3. ②　　12 1. (1) ③ (2) ① 2. ①　　13 ①　　14 1. ④ 2. (1) ⑤ (2) ④
15 ④　　16 ④　　17 ③　　18 ④　　19 ③　　20 1. ① 2. (1) ② (2) ①　　21 ④
22 ②　　23 ①　　24 ③

1. 산업 혁명의 초기 단계에서 많은 사람들은 자본가들을 그들 좋을 대로 하도록 자유로이 내버려둔다면 자본주의가 가장 잘 될 것이라고 믿었다. 그들은 정부가 기업에 대해 간섭을 배제하는 정책을 따라야 한다고 믿었다.

그러나 공장주들은 흔히 그들의 권력을 남용하였고, 노동자들은 고통을 겪었다. 노동시간은 길어서 10시간이나 12시간이 보통이었다. 여자와 어린이들이 매우 낮은 급료로 일했다. 공장은 조명이 나빴고 환기가 제대로 안 되었으며, 더러웠다. 노동자들은 위험한 기계로부터 보호를 받지도 못했다. 개혁가들은 이런 조건들에 대해 목청을 높였다. 공산주의 창시자의 한 사람인 정치경제학자 칼 마르크스는 자본주의는 그 자체의 잔인성과 탐욕 때문에 반드시 사라질 것이라고 주장하는 글을 썼다.

2. (1) 1800년대 초에 서유럽 국가들은 점차 농업에서 산업적인 생활양식으로 변하기 시작하였다. 많은 사람들이 농가를 떠나 새롭게 떠오르는 공장에서 일하기 위해 도시로 이사를 하였으나, 그곳에서 그들은 매우 혹심한 조건하에서 노동을 강요받았다.

초기 산업 사회를 비평하는 사람들은 만약 재산의 개인적인 소유가 없다면, 노동자들의 고통은 끝날 것이라고 생각하였다. 만일 재산을 모든 인민들이 공유한다면, 사회의 부담과 혜택을 모두 똑같이 나눠 가지게 될 것이라고 믿었다. 그들은 이 제도를 서로 바꿔 쓸 수 있는 용어들인 사회주의 또는 공산주의라고 불렀다.

(2) 일부 성공에도 불구하고 소련 공산주의 모델은 결국 실패로 드러났다. 부분적으로 이것은 경제발전과 국익에서 크게 다르고 이 국가들을 지배하려는 소련의 노력에 대해 분개한 공산국가들 간의 투쟁 때문이기도 하였다. 예를 들어, 소련과 세계에서 가장 인구가 많은 공산국가인 중국의 관계는 30년 이상 극도로 적대적이었다.

그러나 붕괴의 주원인은 소련 체제의 본질이었다. 그 체제는 행정부와 공산당의 절대 권력에 통제를 받는 엄격한 중앙 계획 경제에 기반을 두고 있어서, 인민들에게 아주 단순한 요구 사항도 들어주지 못했을 뿐더러 자신들의 정부 안에서 한 마디 말도 못했다.

1980년대 후반에는 공산당 지도자이자 나중에 소련 대통령이 된 미하일 고르바초프 아래서 새로운 소련 지도자들은 광범위한 경제, 정치 개혁을 시도하였다. 이것은 재빨리 동유럽 공산국가들에 퍼졌고, 그곳에서 1989년과 1992년 사이에 공산 정권과 국가 통제 경제는 선출된 정부와 자유 시장 체제로 대체되었다. 그러나 소련에서는 경제 개혁이 실패하고 많은 다른 민족들 사이에 민족주의 물결이 일어나, 1991년 말에 국가의 분열로 이어졌다.

3. (1) 법원은 민사와 형사 두 가지의 분쟁을 다룬다. 일반적으로, 민사사건은 두 시민 간의 분쟁이다. 미국에서는 흔히 사법 결정이 '판례' 혹은 비슷한 사건에서의 과거 판결에 기반을 두고 있다. 시민법 국가에서는 판사가 정부에서 제정한 성문법에 따라 판결해야 한다. 시민법 국가에서는 배심원들이 거의 이용되지 않는다.

민사소송에서, 법원은 누가 옳은지를 결정해야 한다. 예를 들어, 한 사람이 다른 사람에게 돈을 갚기로 각서에 서명을 하면, 두 번째 사람은 지불을 받을 권리를 가지고 있다. 첫 번째 사람이 지불을 하지 못하면, 두 번째 사람은 첫 번째 사람을 민사 법원에 소송할 수 있다. 다른 민사소송은 사고에서 발생한다. 흔히 사고에 관련된 사람들은 그것이 누구의 잘못인가에 의견이 다르다. 민사 법원이 결정해야 한다. 원고는 항상 피고 때문에 생긴 손해에 대한 배상으로 돈을 요구한다.

한편, 형법은 공공의 문제이다. 여기서 손상은 사회 전체에 피해를 주는 것으로 생각된다. 예를 들어, 도둑이 어느 가게에 침입하여 돈을 훔쳤다면, 그 범죄는 가게 주인과 사회 모든 사람들에게 영향을 미친다. 왜냐하면 모든 사람들의 평화와 안녕에 대한 감정이 위협받기 때문이다. 그러므로, 그것은 형사 법원의 사건이다. 형사사건에서 유죄가 입증되면 사람들은 거의 감옥에 가지만, 그러나 민사소송에서는 아주 드물다.

(2) 배심원이 모든 증언을 들은 후, 판사는 배심원에게 사건에 적용되는 법률을 설명해 준다. 이것을 배심원에 대한 법원의 설명이라고 한다. 하나의 배심에는 이 12명의 시민들이 그 사건에 심판이 된다. 그들은 어떤 일이 일어났는지 판단해야 하는 사람들이다. 그러나 형사사건에서 유죄냐 무죄냐, 또는 민사사건에서 손해배상액의 결정, 즉, 평결을 내리기 위해서는 어떤 법률을 알아야 한다. 판사는 그 특정 사건에 필요한 모든 법률을 그들에게 말해 준다.

설명이 끝나고 배심들은 법정을 떠난다. 배심원실에서 그들은 사건을 의논하고, 마음을 정하고, 평결을 내리기 위해 심리한다. 미국에서는 어떤 사람이 유죄판결이 증명될 때까지는 무죄로 간주됨을 그들은 기억해야 한다. 배심원 한 사람이라도 피고의 유죄에 대해 '이유 있는 의심'을 가지고 있는 한, 무죄 평결이 되어야 한다.

형사사건에서는 배심원 모두가 합의해야 한다. 민사사건에서는 절대다수면 충분하다. 때때로 배심원들은 금방 평결을 내리고, 어떤 때는 며칠씩 걸린다. 배심원들이 끝내 합의를 하지 못하면, 그 배심원은 보류된다. 그러면 다른 배심원 앞에서 그 사건은 다시 심리된다.

4. (1) 민주주의는 소수보다는 다수에 의한 정치이다. 그것은 모든 사람이 같은 기본권과 자유를 가지고 있고, 인간은 스스로 다스릴 자유가 있다는 믿음에 기반을 두고 있다. 직접 민주주의에서 국민들은 문제들을 투표로 결정한다. 그러나 직접 민주주의는 작은 공동체에서만 실용적이다. 대부분의 민주국가들은 대의 민주주의이다. 대의 민주주의에서 국민들은 공직자들을 선출한다. 그리고 그 공직자들은 국민들의 바람에 따라 활동한다.

민주주의는 정치형태가 아니라 정치철학이다. 미국은 공화정 형태의 민주주의이다. 공화국은 국가의 선출된 수장, 대통령을 가지고 있다. 영국도 민주국가이다. 그러나 군주국이기도 하다. 국가원수 혹은 세습 통치자인 왕이나 여왕이 있다. 양국 모두 국민의 대표들은 자유 선거에서 뽑힌다.

(2) 민주 체제를 이루는 권리와 의무는 당연히 제한이 있다. 일부 규제는 필요하다. 공정한 경기, 상식, 안전의 제한이 있다. 민주주의에서 국민들은 자유로우나 타인의 건강과 명예를 해치면 안 된다. 이런 필요한 제한들을 인식하고 민주주의의 내용을 검토해 보자.

무엇보다 먼저, 그것들은 언론과 출판의 자유이다. 이것은 모든 시민이 처벌의 두려움 없이 자신들의 양심을 말할 수 있는 권리를 가지고 있다는 것을 뜻한다. 자유로이 말할 수 없는 사람은 자유로이 생각할 수가 없다.

'언론의 자유'란 말은 텔레비전, 라디오, 영화 등 통신의 형태로 표현하는 자유를 말한다. 연극, 무용, 음악, 문학, 회화 등 예술까지 해당한다.

자유로운 언론, 출판, 그리고 사상의 권리는 신문, 잡지, 서적을 출판하고 읽을 수 있는 권리를 나타낸다. 대중적으로 수용된 것과 의견이 다르고, 다른 견해를 가질 권리를 포함한다. 민주주의에서 시민은 비록 다른 사람들의 의견과 반대될 지라도 그 의견을 표현할 수 있다.

5. 일반적이고 완전한 군축을 향한 최초의 접근은 신속한 성공의 약속을 거의 주지 않는다. 종합적 군축이란 하나도 남지 않을 때까지 병력과 무기를 단계적으로 줄이는 것을 뜻한다. 종합적 군축을 함에 있어 미국과 소련의 차이는 주요 세 가지 문제에 집중된다. 이 문제들은 균형과 사찰, 군축중이나 향후의 평화 유지 방법이다.

균형은 어느 쪽도 군사적 유리함을 결코 얻지 못하는 방식의 군축을 의미한다. 미국과 소련은 균형이 되어야 함에는 동의하였다. 그러나 과거에는 각자 다른 쪽의 제안들이 그쪽에 유리함을 준다고 믿었다. 의견 불일치의 두 번째 요점인 사찰에 대해 미국은 양쪽이 다른 쪽이 군축을 하고 있음을 확신할 수 있도록 하기 위해 사찰이 필요하다고 말했다. 그러나 소련은 양국이 완전히 군축을 한 뒤에만 사찰이 필요하다는 점을 오랫동안 주장하였다.

마지막으로, 군축중이나 후의 평화 유지에 대해 의견 불일치가 있었다. 미국은 병력이 감축되면서 세계 평화와 안녕이 보호될 것이란 점을 확실히 하기 위해 항구적인 기구를 원했다. 소련은 군축에 대한 어떤 국제적인 통제의 개념은 동의하였으나, 항구적인 기구를 만드는 생각은 싫어하였다.

6. (1) 고대 히브리와 그리스 시대부터 사람들은 자신들의 지도자를 뽑는 권리를 위해 폭정과 싸워 왔다. 이스라엘의 초기 왕들은 고대 그리스 군대의 장군들이 그랬던 것처럼 선출되었다. 기원전 401년에 크세노폰의 유명한 소아시아 행군은 겁 없는 그리스 병사들에 의해 그가 장군으로 선출되면서 시작되었다. 그리스인들은 추적해 오고 있는 페르시아 무리들의 그림자가 드리운 상황에 처해 있는 동안 자신들의 새로운 지도자를 뽑기 위해 투표하였다.

북유럽의 튜튼족은 자신들의 지도자로 가장 용감한 사람을 선출하였다. 자신들의 지도자를 자유로이 선출하는 이 관습은 1,500년 전 앵글로색슨 정복자들에 의해 영국에 전해졌다. 이렇듯, 지방 공직자를 뽑는 투표권은 영국적 사고의 일부가 되었고, 초기 영국의 식민지 개척자들에 의해 미국에 전해졌다.

(2) 미국의 헌법은 원래 하원 의원들이 각 주의 국민들 즉, 선거권을 가진 사람들에 의해 선출되도록 하였다. 공화국의 초기에는 4백만이 넘는 총 인구에서 약 12만명만이 투표를 하였다. 각 주는 투표를 제한할 권리를 가졌다. 투표는 흔히 어느 정도의 재산과 종교적인 자질을 가진 자유 백인들로 제한되었다. 그러나 1860년까지 실제적으로 모든 주들이 21세 이상의 모든 자유 백인들에게 투표를 허용하였다.

남북전쟁 후에 제15차 개정 헌법은 모든 인종의 남자들에게 투표권을 주었다. 제19차 개정 헌법이 비준된 1920년까지는 연방 선거에서 여성들에게 선거권이 주어지지 않았다.

7. 노예해방선언은 미국 역사에서 전환점일 뿐 아니라 남북전쟁에서도 전환점이었다. 전쟁의 마지막 2년간 수천 명의 노예들이 주인들 손에 남아 있었다. 약 30만의 흑인들이 북부 연방군에 가담하였다. 유럽에서는 남부 동맹군을 지원하자는 말이 끝났다. 드디어, 1865년 4월 9일에 남부 동맹군은 북부 연방군에 항복하였고 미국 남북전쟁은 끝이 났다.

전쟁이 끝나고 링컨 대통령이 암살된 8개월 후, 1865년 12월 18일에 제13차 개정 헌법이 비준되어, 노예제도는 미국에서 불법이 되었다. 비록 링컨은 자신의 선언이 법률로 되는 것을 살아서 보지는 못했지만, 그는 노예들을 해방한 사람, 위대한 해방가로서 오늘도 기억되고 있다.

8. (1) 국민들이 스스로 수립하는 정부는 여러 방식으로 자신들의 삶에 영향을, 심지어 변화를 준다. 정부는 어떤 종류의 재산이 개인적으로 소유되기보다는 공적으로 소유되어야 한다거나 (즉, 국민의 이름으로 국가에 소유되기도 한다), 또 개인이 세금으로 얼마를 낼 것인가 같은 문제들을 결정한다. 정부는 교육에 필요한 여건들을 마련하고, 이민에 제한을 두거나, 군복무에 시민을 징집할 수도 있다. 공공 도서관, 박물관, 기타 문화 기관, 병원, 공원 등의 이용도는 적어도 부분적으로 정부에 달려 있다.

(2) 세계의 정부를 운영하는 사람들은 아주 막대한 권력을 가지고 있기 때문에, 유능한 지도자들의 선택보다 시민들에게 더 중요한 것은 아무 것도 없다. 왜냐하면, 인간의 행복은 상당한 정도 정부가 제정하는 법률의 종류에 달려 있기 때문이다.

옛 사회에서 정치적 권력은 흔히 우월한 무력이 동반되었다. 오늘날 정부는 가끔 무력으로 권력을 가진 지도자들에 의해 통치되기도 하지만, 그런 지도자들은 불법적으로 통치하는 것으로 간주된다. 합법적인 정부는 자유롭게 피지배자들의 동의를 흔히 선거를 통해서 부여받은 정부들이다. 선출된 지도자들은 국민들의 관습과 전통뿐만 아니라 경제적, 사회적 요구를 고려하기를 기대받는다.

정부가 이런 요구들과 전통들을 반영할 때, 국민들은 그 정부를 신뢰하고, 기꺼이 그 법률들을 지키려 한다.

그렇지 않으면, 국민들은 그 지도자를 투표를 통해 직위에서 쫓아내고, 새 인물들을 선출한다. 대부분의 현대 국가들에는 정부와 국민들 사이에 가능한 합의와 이해가 있다. 합의의 한 가지 기본적인 형태는 정부가 할 수 있는 것과 그것을 어떻게 할 것인가를 규정하고 있는 헌법이다. 헌법은 성문일 수도 있고 불문일 수도 있다. 불문헌법은 흔히 넓은 범위의 기성 법률들과 관습에 기반을 두고 있다.

9. 게릴라전은 공인된 정부의 지원을 받지 못하는 병사들인 비정규 부대로 싸운다. 게릴라들은 외국의 적군과 싸우기도 하고, 내전에서는 정부군에 대항하는 반란군이 될 수도 있다. 게릴라전에 이용되는 전술들은 고안해 내는 사람들에 따라 다양하고, 흔히 지역의 지리와 가용한 자원들에 따라 결정된다. 일반적으로 게릴라는 경고 없이 공격하고서, 적의 정규군이 대응하기 전에 신속하게 물러남으로써 적을 교란시키려고 한다.

보통 병력 수가 부족하기 때문에, 게릴라들은 은밀함과 교활함, 기습의 이점에 의존한다. 그들은 적의 약점을 공격하고, 가능한 많은 적군 부대와 교전하기 위해 넓은 지역, 흔히 게릴라들만이 잘 아는 어려운 지형에 자신들의 병력을 분산시킨다. 게릴라들은 지역 주민들 속에 식량, 은신처, 보급품, 적의 이동에 관한 가장 중요한 정보 등의 공급을 의존할 수 있는 협력자들을 가지고 있는 것이 중요하다.

10. (1) 제1차 세계대전은 상당한 정도로 유럽의 주요 제국주의 국가들 간의 식민지 경쟁에서 비롯되었다. 승전국들은 자신들의 해외 식민지들을 계속 소유하고, 패전 국가들에게 속해 있던 식민지를 접수하였다. 패전국 가운데 하나인 독일은 곧 제국을 재건하고 확장하려는 노력을 하였다.

제2차 세계대전 동안 히틀러의 나치 독재하에서 독일은 잠시 유럽 대륙 대부분을 포함하는 거대 제국을 점령하였다. 동시대에 일본은 중국의 대부분을 포함하여 아시아에 거대한 제국을 소유하였다. 그러나 그들의 제국 건설은 두 나라가 전쟁에 패하는 1945년에 끝났다.

전쟁이 끝나고, 영국, 프랑스, 미국 등 거대한 해외 제국을 가진 여러 나라들은 무력으로 그 식민지들을 계속 보유하는 것이 어렵고 또 이익이 없다는 것을 발견하였다. 더구나, 그들은 자유의 명분으로 2차 대전을 제국주의 독재에 대항하여 싸웠으니, 자연스럽게 그들의 식민지들이 독자적인 자유를 원했다. 이렇게 거대한 제국들은 때로는 평화적으로, 때로는 폭력 투쟁에 의해 해체되기 시작하였다.

(2) 1945년에 국제적인 기구인 국제연합이 국가들 간의 평화를 증진하고 신생국들을 도와 그들의 정부와 경제를 개발해 주기 위해서 창설되었다. 아프리카에서만 40개국 이상이 제국주의의 식민지로부터 부상하였다. 인도는 영국에서 독립을 하였다. 필리핀은 미국에서 독립을 하였다. 심지어 카리브해의 작은 섬들도 자치국이 되었다. 이 신생국들은 하나씩 국제연합에 가입을 하였고, 제국주의는 사라져 가는 것 같아 보였다.

그러나, 강대국들은 다른 나라의 정부를 직접 탈취하지 않고, 자신들의 의지를 다른 나라에 강요하였다. 그런 경우에 영향력은 경제적인 압력, 때로는 군사적인 압력의 형식으로 왔다. 이런 지배의 형식을 신제국주의라고 불렀다.

11. (1) 국제법의 두 가지 주요 원천은 조약과 관례이다. 조약(협정)은 국가들이 서명한 협정이다. 그것들은 한 나라에서 다른 나라로 형사범을 돌려보내는 협정에서와 같이, 양국간일 수도 있고 또는 국제연합을 만든 헌장에서와 같이 다국간일 수도 있다.

국제 관례는 오랫동안 이용을 하여 발전된 법규들이다. 예를 들어, 외교관을 보호하는 법규는 비교적 최근까지 비록 공식적인 조약으로 명문화되지는 않았지만, 각국이 오랫동안 준수해 왔다.

약한 정도이지만, 국제법은 자국을 방위하려는 국가의 권리 같은 일반 법률의 원칙에서 비롯되기도 한다. 그러한 법률의 기본 원칙은 국제 법규의 발전을 위한 지침이 되었다. 국제법의 기타 유한한 원천에는 국가나 국제 재판소의 결정과 법률학자들의 논문들이 있다. 국제 기구들은 역사적으로 국제법에 거의 영향을 미치지 않았다. 국제연합은 옛날의 기구들에 비해 큰 영향력을 가지고 있었다. 그러나 총회의 결정은 많은 국가들에게 구속으로 여겨지지 않는다. 몇 가지 예를 보면, 국가들은 '공정성과 정의'의 개념을 기반으로 한 법원의 결정에는 동의를 한다.

(2) 하지만, 국제 법규를 준수하는 강대국들에게는 처벌의 위협보다 호혜의 정신이 훨씬 더 중요하다. 결국, 국제법은 국가들이 서로간의 관계를 지배하는 어떤 규정들에 합의를 하는 것이 국익에도 최선이 됨을 알았기 때문에 발전하였다.

예를 들어, 사유재산에 대한 규정은 국민들의 해외 소유 재산을 보상도 없이 빼앗기는 것을 보호하기 위함이다. 해양과 항공에 관한 규정들은 선박과 항공기들이 세계를 질서 있게 여행하게 한다. 불법적인 무력 사용에 대한 금지는 강대국들로부터 약소국들을 보호할 뿐 아니라, 강대국들간의 충돌을 막는 데도 도움이 된다.

마지막으로 특히 중요한 호혜는 기대치이다. 국제 법규들은 한 국가가 다른 국가들과의 관계에서 기대할 수 있는 것을 알 수 있게 해준다. 흔히 국가간에 충돌로 이어지는 것은 기대하지 못한 일이다.

(3) 각국은 다른 나라와의 협상에서 따르고자 하는 일반적인 방침인 자국의 외교정책을 입안한다. 한 나라의 외교정책은 국가의 안보를 보호하고 국익을 증대시키고자 입안된다. 이 정책은 역사와 전통, 여론, 그리고 국가가 국정 목표를 실행하기 위해 보유하는 힘에 영향을 받기도 한다.

각국은 잘 지내려고 노력하지만, 자국의 어떤 외교정책 목표의 차이에 구속된다. 이런 차이가 심각해질 때, 각국은 흔히 평화적인 수단으로 해결하려고 노력한다. 그러나 평화적인 협상이 실패하면, 자국의 목표를 성취하기 위해 전쟁으로 나아가기도 한다. 이렇듯 국제 관계에서 외교정책의 주임무는 국가간의 평화적인 유대를 쌓아 충돌을 피하는 것이다. 이것은 외교관들과 정부의 여타 외교정책 전문가들의 역할이다.

12. (1) 철학자들은 선사 시대 사람들은 '자연의 국가'에서 법률 없이 살았다고 한때 믿었다. 사람들은 더 강한 누군가가 힘으로 제지하지 않으면 원하는 대로 자유로이 하였다. 그 결과, 삶은 아주 위험하고 불안해져서 지도자들이 생명과 재산을 보호하는 법률을 만들어야 했다.

이것은 더 이상 사실로 여겨지지 않는다. 학자들은 이제 사람들이 작은 집단으로 살기 시작하면서 서로 잘 지내기 위해 규율을 만들어 냈다고 생각한다. 시간이 지나면서, 모든 사람들이 그 규율을 받아들이고 지원하였다. 풍속과 관습, 신념이 집단의 생활 습관과 행동을 통제하였다. 그런 삶의 규율과 습관들을 민속이라고 한다.

민속이 아마 종교나, 도덕, 교육뿐 아니라 인간 법률의 진정한 시작일 것이다. 이 사람들은 민속을 신들이 자신들에게 보여준 것이라고 믿었다. 이것은 이들 규정들에 종교적인 의미를 부여하여, 그것들을 어기는 것을 매우 위험하게 만들었다. 민속이 어겨지고 침범을 받으면, 어긴 자는 범행이나 죄를 저지른 것이고 신들에게 처벌을 받기도 하였다. 세월이 흘러, 민속은 점차 개선되었고, 최선의 민속을 가진 집단들이 살아남았다.

(2) 법 집행은 4단계로 되어 있다. 피의자의 체포, 피의자의 유무죄 판단, 피의자의 유죄가 입증될 경우 선고, 선고의 집행 또는 처벌이다. 원시 부족들은 누가 고소를 할 때나, 피의자가 범죄 행위로 잡혔을 때 체포하였다. 그들은 유무죄의 문제를 신속하게 해결하였다. 자주 고문을 사용하기도 하였다. 그러나 전투나 결투에 의한 재판이 더 일반적이었다. 결투는 피고소인과 피해자 또는 그들의 대리인들 간의 싸움이었다. 사람들은 신들이 결백한 사람을 돕는다고 믿었기 때문에 승리자는 무죄로 생각되었다.

13. 어느 한 가지 미사일은 비교적 짧은 기간에만 사용된다. 추진, 유도와 관제, 조직, 그리고 탄두 등의 성능 향상은 아주 급속히 이루어져 한 가지 형의 미사일은 단 몇 년만에 더 나은 것으로 대체된다.

미사일의 성능 향상은 우리에게 죽음과 파괴의 끔찍한 환상을 가져다주었다. 이제 수천 개의 강력한 핵탄두를 한 대륙에서 다른 대륙으로 보내는 것이 가능하다. 많은 사람들은 미국과 소련의 탄도미사일 발사 단추를 누르기만 하면 지구상의 생명체 대부분이 죽을 수 있음을 깨닫기 시작하였다. 이런 마음으로, 가장 무서운 무기를 보유하고 있는 국가들의 지도자들은 각국이 보유할 수 있는 핵장착 미사일의 수를 제한하는 협정에 서명하였다. 목표는 어떤 나라도 더 이상의 핵무기를 가지지 않음을 분명히 하자는 것이었다. 지금까지 이 핵무기의 균형은 각국의 핵무기 사용을 막았다. 사람들은 이제 자신들이 만든 핵무기에 스스로 갇혔고, 자신들의 생활양식이 위협받고 있음을 발견한다. 지금까지는 무기들이 위협으로만 남아 있다. 그러나 미사일이 향상되면서, 핵 파괴에 불을 당길 수 있는 치명적인 단추가 절대로 눌러지는 일이 없도록 모두에게 위협을 거의 똑같이 유지해 주는 새로운 협정을 이끌어 내는 것이 필요할 것이다.

14. (1) 자치구란 일반적으로 그 지역의 정부에 대해 주권을 가지는 특정 지역이다. 그래서 자치 정부란 시, 읍, 군 같은 자치구들의 정부를 가리킨다. 그것은 제한된 지역의 주민들에게 봉사하기 때문에 때때로 지방 정부라고 불린다.

미국의 지방 정부 단체들로는 카운티, 타운, 빌리지, 시티, 학교 지역, 특수 지역 등이 있다. 어떤 단체들은 미국의 어떤 지역들 가운데서도 더욱 특징적이다. 예를 들면, 뉴잉글랜드의 타운들과 남부의 카운티들이다. 다양한 주들이 지방 단위 정부가 설립될 수 있는 다른 규정들을 가지고 있다.

모든 연령의 시민들은 여러 가지 세금과 공과금을 납부하여 그들의 지방 정부를 지원한다. 이번에는, 지방 정부가 시민들이 필요로 하는 도로 보수, 학교, 하수도, 물, 화재와 경찰 보호 등, 기타 서비스를 제공한다.

(2) 미국과 대부분의 주요 서방 국가들에서는 많은 사람들이 도시나 그 근처에서 살기를 원한다. 그러나 이 도시들의 인구가 성장하면서, 자치 또는 지방 정부들은 서비스를 운영하고 제공할 많은 돈이 필요하게 되었다.

많은 서방 국가들에서는 심지어 국회와 입법부의 민주적인 대의원 선출도 문제가 되었다. 인구가 이동하여 중앙 정부에 많은 대표들을 가진 지역들이 지금은 인구가 적다. 반면에 현재 인구가 많은 어떤 지역들은 비교적 대의원 수가 적다.

자치 정부는 대부분의 국민들의 일상생활에 영향을 <u>주는</u> 정부 형태이기 때문에, 이런저런 문제들이 해결되는 것이 아주 중요하다.

15. 1960년대에는 석유의 수요가 공급보다 훨씬 낮았기 때문에 OPEC가 석유 가격에 거의 영향력을 갖지 못했다. 그러나 1970년대 초에는 석유의 수요가 급속히 증가하였다. 동시에, 미국 같은 전통의 석유 생산국들의 생산은 한결같았다. 그래서 OPEC 국가들은 국제 석유 회사들과 인상 가격을 협상할 수 있었다. 1970년과 1973년 사이에 OPEC 석유의 평균 가격이 배럴당 1.8달러에서 3.01달러로 인상되었다. (42갤런들이 배럴이 표준 도량이다.)

1973년 아랍-이스라엘 전쟁 기간에는 또 다른 그룹인 '아랍석유수출국기구'(OAPEC)가 미국과 이스라엘에 우호적인 다른 나라들에 석유 팔기를 거절하였다. 이어진 세계 석유 위기에서 가격이 1974년까지 거의 4배나 인상되었다. 국제 석유 회사들의 가격 관리 능력은 파괴되었다. 1980년 말까지 OPEC 석유의 배럴당 최저 가격은 32달러에 달했다.

16. 초창기에는 대부분의 지원자들이 전세계의 강의실에서 근무한 교사들이었다. 오늘날의 지원자들 역시 어떤 나라를 도와 특히 시골의 보건, 식량 생산, 수자원 공급을 향상시키는 일을 요청받는다.

일부 지원자들은 간호, 산림, 농업 등의 분야에서 이미 교육을 받고서 평화봉사단에 온다. 그러나 대부분의 지원자들은 평화봉사단에서 교육을 받는다. 주최국들은 그들이 필요한 것을 설명하고, 지원자들은 특정한 일을 할 수 있도록 교육을 받는다.

직업이 무엇이든지, 더 이상 주로 강의실에서는 아니라 할지라도, 모든 지원자들은 여전히 가르치는 일에 관계하고 있다. 그들의 목표는 지역 사람들을 교육시켜 그들의 지역을 일으켜 세우게 함으로써 어떤 직업에서 자아를 성취해 내는 것이다.

평화봉사단의 지원자들은 실력으로 선발된다. 후보자들은 먼저 질문서를 작성해야 한다. 필요한 기술을 소지한 사람들은 특정 국가에서 어떤 프로젝트를 위한 교육에 초빙된다. 그들은 초빙을 수용할 수도 거절할 수도 있고, 다른 나라를 선호한다고 말할 수도 있고, 나중에 다른 프로젝트에 초청받기를 요청해도 된다.

학교에서 강의를 하든지, 지역의 농사법 개선을 돕든지, 병원에서 일하든지, 혹은 광물 자원에 대한 탐사를 하든지, 지원자들은 자기 일에 헌신해야 한다. 그들은 열심히 일할 준비를 해야 하고, 늘 이해심을 보여주어야 한다. 평화봉사 단원들은 조국을 위한 일종의 대사이다.

English Theme Reading

17. 제복을 입은 경찰관들은 어느 사회에서나 눈에 보이는 모습이다. 텔레비전의 인기 프로는 범죄를 예방하고 대중을 보호하기 위해서 무기를 사용하는 경찰관들을 묘사하고 있다. 그러나 법을 집행하고 국민의 생명과 재산을 보호하는 것이 경찰의 주요 임무이긴 하지만, 근무시간의 약 15%만이 텔레비전에 보여지는 그런 활동에 쓰여진다. 나머지 85%는 좀더 일상적인 대 지역사회 업무에 쓰여진다. 이것들은 세월이 흐르면서 경찰의 임무가 되었으니, 긴급 상황에 대처하고, 분쟁을 해결하고, 교통을 정리하고, 환자와 부상자들을 간호하며, 민원을 처리하는 것들이 있다. 경찰은 일주일에 7일, 하루에 24시간을 이런 업무를 하면서 근무하고 있다.

18. 정당은 공공의 이익의 문제에 관한 어떤 정책을 뒷받침하기 위해 조직된 집단이다. 정당의 목표는 그 정당의 정책을 수행하려고 노력하는 공직자들을 선출하는 것이다. 문제들은 평화와 전쟁, 세금 문제에서부터 국민들이 생계비를 버는 방법에 이르기까지 다양하다. 큰 정당은 보통 수백만 명의 회원과 지지자들이 있다. 민주주의에서 국민들이 정부가 하는 일에 동의를 하지 않을 때, 각 유권자들은 논쟁에서 자신의 편을 지지하는 후보자에게 투표함으로써 자기 의견을 표현한다.

19. (1) 교도소는 구금 장소이다. 범행을 저지른 사람들은 사회에서 격리하여 자신들의 법법에 대한 처벌로써 교도소에 수감된다. 범죄로 기소된 사람들을 수용하는 기관에는 여러 가지 형태가 있으니, 교도소, 구치소, 징역 캠프, 경찰서 유치장, 연방과 주 교도소 등이다. 그러나 1년형 이상의 선고를 받은 기결수들만이 수감된다.

미국에서는 50만이 넘는 성인과 18세 미만의 어린이들이 교도소에서 형기를 복역하고 있다. 대부분의 죄수들은 18세에서 29세까지의 고교 중퇴 남자들이다. 그들 대부분이 타인에 대한 강력 범죄(치명적인 무기로 살해하거나 공격하는 범죄), 재산 범죄(절도나 강도 범죄), 또는 '화이트칼라' 범죄(탈세나 횡령) 등을 저질렀다. 미국에서는 기결수의 5% 미만이 여성이다.

20. (1) 사회주의는 생산 수단의 일부 혹은 전부를 공공 또는 정부가 소유하는 것을 찬성하는 경제 이론이다. 이것은 개인이 생산을 소유하는 신념과는 대조적이다.

사회주의는 여러 형태가 있다. 희망하는 공공 소유의 정도와 그것의 운용 방법에 따라 다르다. 어떤 나라에서는 정부가 모든 형태의 생산을 관리한다. 다른 나라에서는 흔히 은행과 교통, 공익 기업들을 포함해서 경제에 대한 국가 관리가 덜 완벽하다. 이렇게 사회주의는 경제적으로 많은 형태가 있다. 정치적으로는 전체주의에서 민주주의 정부 형태에 이르기까지 다양한 변화를 보일 수가 있다.

(2) 이 용어들의 사용이 발전하면서 '사회주의'는 더욱 일반적인 의미를 가지게 되었다. 오늘날 사회주의자들이 옹호하는 재산의 공공 소유는 조합형 기업에서 중앙 정부에 의한 완전한 관리 경제에 이르기까지 광범위하게 변할 수 있다. 사회주의 정부나 정당은 민주주의일 수도 있고, 유일 정당에 의한 통치 체제를 찬성할 수도 있다. 민주국가에서의 사회주의 정부는 일반적으로 선별적인 경제의 핵심 요소들, 예를 들어, 은행, 교통, 에너지 산업 등의 공공 소유만을 선호한다. 어떤 사회주의 정당들은 공산주의에 강력히 반대한다.

'공산주의'는 일반적으로 공산당 프로그램을 일컫는다. 이 프로그램은 한 나라의 모든 정치적, 사회적 활동에 대한 공산당의 통제와 중앙 계획형 국가경제에 의해 특징지어진다. 공산주의자들은 자신들의 체제가 모든 나라에 퍼질 것이며, 그 기회가 생기면 자신들이 공산 혁명을 지원할 것으로 믿었다. 공산주의자들은 또 사회가 공산주의라는 장기 목표를 성취하기 전에 발전의 중간 단계를 설명하기 위해 '사회주의'라는 말을 사용한다. 이상적인 공산주의 국가의 목표는 사회가 평등이라는 기반 위에서 모든 인간의 욕구를 만족시킬 만큼 충분히 생산적일 때만 실현될 수 있다.

21. 현대 스파이는 고도로 기술적이라 모든 종류의 복잡한 장비를 사용한다. 전자나 마이크 도청 장치들이 대화와 전화를 엿듣고 있다. 마이크로 필름, 마이크로 도트, 암호 등이 정보를 은밀하게 녹화하고 배포하는 데 사용된다. 군사기지와 부대 이동에 관한 생생한 정보를 수집하기 위해서 특별히 제작된 항공기와 인공위성들이 배치된다.

산업 스파이 활동은 최근에 흔해졌다. 요즈음에는 무역 기밀 하나가 수백만 달러의 가치가 될 수 있다. 그래서 일부 대기업들은 경쟁 기업들의 신상품과 기술개발에 대한 정보를 알려주는 스파이를 고용하였다. 또한 자신들의 이익을 보호하기 위해서 많은 기업들은 자신들이 스파이 활동 당하지 않기 위해서 보안팀을 고용해야 했다.

22. 전시에, 미 육군에서 특별히 선발되어 훈련된 군인들이 적의 후방 깊숙한 지역에 침투하여 게릴라들을 조직하고, 훈련하고, 장비를 갖춰 주어 적의 통신과 보급선을 교란하고, 군사 목표물들을 파괴하고, 적의 사기에 손상을 입힌다. 평화시에는 이 병사들이 우방국에 파견되어 그들의 조국을 방위하는 외국 군인들을 교육한다. 이 군인들은 미 육군 특수부대에 소속되어 있다.

모든 특수부대원들은 특징적인 그린베레를 쓰는 자원병들이다. 그들은 혹독한 전투 훈련과 낙하산 훈련을 받고, 외국어를 배워야 한다. 12명의 특수부대 'A팀'의 모든 대원은 의약, 통신, 무기, 폭발물의 전문가들이다. 특수부대는 산악, 사막, 북극, 정글 등 세계 어디서나 전투를 할 수 있도록 훈련한다.

23. 미국 의회가 단원제(일원제)가 아닌 양원인 것은 두 가지 주요 이유가 있다. 첫째가 역사적 전통과의 조화이다. 헌법의 뼈대는 양원으로 구성된 영국 의회와 아주 흡사하다. 사실, 1787년 제헌 의회 당시에 미국의 13개 주 가운데 11개의 입법기관들이 양원으로 이루어져 있었다.

둘째는 양원제 입법부가 헌법 작성에서 주요 충돌을 해결하는 길을 제공하였다. 인구가 많은 주 출신의 제헌 의회 대표들은 새 의회에서 인구를 기반으로 한 주의 대표를 원했다. 비교적 인구가 적은 주 대표들은 그렇게 될 경우 큰 주들이 의회를 지배할 것이 두려웠다. 그들은 각 주가 동등한 대표를 갖기를 고집하였다. 이 난제는 대 타협으로 극복되었다. 그것은 상원에서 각 주에 동등한 대표권을 주고, 하원은 인구를 기반으로 선출되게 하였다.

나아가, 두 개의 원으로 구성된 입법부는 미국식 정부 형태 안에 건설된 견제와 균형의 체제를 뒷받침하였다. 양원은 상대편에서 통과한 입법을 막을 수 있었다. 그러므로, 양원은 서로 자주 협력해야 하고, 국가의 법률을 작성할 때 그들의 차이점에 대해 타협해야 한다.

24. "전쟁에 최초, 평화시에 최초, 국민들의 가슴에도 최초인 사람의 영전에 바친다." 1799년 조지 워싱턴의 죽음에 하원 의원이었던 헨리 리가 그렇게 썼다. '경기병 해리 리'로 더 잘 알려진 리는 독립 전쟁의 영웅이자 워싱턴의 친구였다. 그의 유명한 말은 초대 대통령에 대한 미국인들의 감정을 정확하게 묘사하였다.

미국의 탄생에 있어 워싱턴의 역할은 거의 비길 데가 없었다. 영국으로부터 독립을 얻어낸 길고 어려웠던 독립 전쟁 동안 그는 미국 군대를 이끌었다. 그는 미국 새 정부의 틀을 수립하는 제헌 의회를 주재하였고, 그리고 초대 대통령으로서 대통령직이 갖추어야 할 형식을 결정하는 데 도움을 주었다. 국가의 최고위직을 내키지 않는 마음으로 수락하였지만, 워싱턴은 두 번의 임기를 봉직하였고, 그리고는 그가 가장 좋아했던 생활, 농부와 농장주의 생활로 돌아갔다.

제 2장

1 (1) ① (2) ③　　2 ②　　3 ③　　4 ①　　5 1. (1) ② (2) ① 2. ① 3. ② 4. ④
6 ③　　7 1. (1) ② (2) ④ 2. ①　　8 ③　　9 ⑤　　10 ③　　11 ②　　12 ③　　13 ②
14 1. ① 2. ④　　15 ②　　16 ①　　17 ④

1. 직접적인 반응이란 적절한 반응을 이끌어 내는 어떤 광고의 형식으로 규정된다. 즉, 그것은 사람들을 부추겨 광고주와 직접 접촉하게 한다. 다이렉트 메일(카탈로그 포함), 잡지, 신문, 라디오, 텔레비전, 전화(수신자 부담), 그리고 새로운 전자 매체 등, 그것은 모든 형식의 매체를 이용한다.

직접 마케팅, 특히 다이렉트 메일은 광고주들로 하여금 아주 특정한 시청자들 곧, 특별한 상품이나 서비스를 구매하는 것에 가장 관심이 많을 것 같은 사람들에게 광고의 목표를 설정하게 한다. 그것은 매우 개인적인 판매 방법이다.

컴퓨터는 직접 마케팅에서 중요한 광고 도구이다. 그것은 다양한 집단의 사람들의 구매 습관을 기록하는 데이터베이스를 구축하는 데 이용된다.

2. 은행은 개인이나 기업에 여러 가지의 대출을 해준다. 한 가지 주요한 대출은 주택 저당 대출로서, 주택을 구입하거나 짓고자 하는 사람들에게 제공된다. 주택 저당 대출은 보통 거의 20~30년 되는 대출 기간이 지나서 상환을 요구한다. 고객이 주택에 대한 첫 할부금을 내면, 은행은 비용의 차액을 융자해 준다. 그러면 고객은 이자와 함께 이 금액을 정기(흔히 월별) 분할로 지불한다. 상환이 몇 년 걸리는 고액 대출에서, 고객은 많은 금액의 이자를 할부금의 일부로 지불한다.

은행은 개인과 기업에 많은 단기 대출을 한다. 예를 들어, 어떤 사람이 은행으로부터 6개월 간 1천 달러를 빌린다고 하자. 그 사람은 그 금액을 사용하는 데 대해 은행이 부과하는 이자를 포함하여 빌린 돈을 상환하기로 약속하는 약속서에 서명을 한다. 일반적으로, 그 사람은 보증 또는 담보물로서 가치가 있는 어떤 것, 예를 들면, 자동차 같은 것을 제공하여야 한다. 만일 그 사람이 대출을 상환하지 못할 경우, 은행은 이 담보물을 소유할 수 있다.

은행이 부과하는 이자율은 대출의 형태와 기간에 따라 다르다. 최우량 비율은 대도시 은행들이 자기들의 최우수 고객들에게 부과하는 이자율이다. 평균적인 대출자들이 지불하는 이자율은 일반적으로 최우량 비율보다 더 높다.

3. 재무제표는 회사의 재무 활동을 설명하는 계산서에 적힌 기록들을 활용한다. 이 정보를 보고하는 데 두 가지의 재무제표가 가장 일반적으로 사용된다. 대차대조표와 수입지출표이다. (이 전표들이 작성되기 전에, 차변과 대변이 똑 같음을 확인하기 위한 시산표(試算表)가 만들어진다.)

대차대조표는 흔히 재정상황표라고 하는데, 일정 기간 어느 기업의 재정 상태를 나타내는 요약이다. 그것은 당시 그 회사의 부채와 자본금 외에도 자산을 보여준다.

수입지출표는 손익표라고도 하는데, 일정 기간, 보통 1년 간 한 기업의 수입과 지출을 보여준다. 이 표를 보고서, 기업의 경영자들은 회사가 그 보고서에 나타난 기간 동안 이익을 냈는지 손해를 냈는지 알 수 있다.

4. 미국과 캐나다 같은 자유 기업 체제에서 기업들은 사람들이 필요로 하고 원하는 상품과 서비스를 생산한다. 이렇게 하면서 그들은 이익을 내려고 곧, 지출보다 더 많은 수입을 얻으려고 노력하기도 한다. 이익은 기업이 경영에서 살아남기 위해 필수적이며, 자유 기업 체제의 가장 중요한 원칙들 가운데 하나이다.

이익에 영향을 미치는 핵심 요소들 가운데 하나가 경쟁이다. 기업이 비슷한 상품이나 서비스를 생산하고 판매하는 다른 회사들인 경쟁사들을 가질 경우, 경쟁사들의 가격보다 훨씬 높은 가격을 부과하게 되면, 고객을 잃게 된다. 그렇지만, 지출보다 더 적은 수입을 가져오는 가격을 부과하면, 기업의 생존이 위태롭게 된다. 경쟁은 이렇듯 기업들이 벌어들이는 이익과 소비자들이 상품과 서비스에 대해 지불하는 가격을 조절하는 데 도움을 준다.

5. (1) 경제학에서 가장 기본적인 법칙은 아마 수요와 공급의 법칙일 것이다. 이 법칙은 거의 모든 경제 문제에서 주된 역할을 한다.

수요의 법칙은 상품과 서비스의 가격이 상승할 때, 그 품목에 대한 수요가 감소하는 것을 말한다. 상품과 서비스의 가격이 떨어질 때, 그 품목의 수요는 상승한다. 다시 말하면, 어떤 품목의 가격이 높을 때보다 낮을 때 더 많이 구매한다.

공급의 법칙은 수요법칙의 반대이다. 어떤 품목의 가격이 상승할 때, 그 품목의 공급은 상승한다는 말이다. 그 품목의 가격이 떨어질 때, 공급도 떨어진다. 가격이 상승할 때, 상품과 서비스를 제공하는 사람들은 그 상품과 서비스를 더 많이 공급하려 할 것은 아주 자연스런 일이다.

공급과 수요의 상호작용이 상품과 서비스의 가격을 결정한다. 수요의 증가는 가격을 인상시키는 경향이 있다. 수요의 감소는 가격을 하락시키는 경향이 있다. 비슷하게, 공급의 증가는 가격을 하락시키는 경향이 있는 반면에, 공급의 감소는 가격을 높이는 경향이 있다.

(2) 어느 특정 상품과 서비스를 생산하는 데는 흔히 여러 가지 방법이 있다. 예를 들어, 어느 건설 회사가 어떤 새로운 건물의 커다란 지하층을 굴착하는 데 고용되었다고 가정하자. 삽과 손수레를 사용하는 노동자들 50명이 파낼 수도 있고, 거대한 굴삭기를 이용하는 노동자 한 명이 파낼 수도 있다. 그 일에 대해 다른 회사들과 경쟁하는 건설 회사는 지하층을 파내기에 가장 효과적이고 가장 비용이 적게 드는 방법을 선택해야 한다. 이 경우, 아마 삽과 손수레를 장비로 갖춘 50명의 노동자들보다는 한 명의 노동자와 큰 굴삭기를 쓰는 것을 의미할 것이다.

경쟁은 생산자들로 하여금 가장 비용이 적게 드는 생산 방법을 이용하도록 강요한다. 덜 효과적이고 비용이 많이 드는 생산 방법이 사용될 경우보다는 그것이 소비자들에게 상품과 서비스를 더 저렴한 가격에 구매할 수 있도록 해준다.

(3) 모든 국가는 자원이 유한하고 욕구는 무한하기 때문에, 나라마다 결핍의 문제에 직면해 있다. 이 문제를 해소할 방법은 없다. 그러나 어떤 것들은 주어진 양의 자원으로부터 얻을 수 있는 생산을 증대시키는 일을 할 수 있다. 생산을 증대시키고, 유한한 자원과 무한한 욕구 사이의 간극을 좁히는 한 가지 방법은 생산성을 향상시키는 것이다. 즉, 적은 원료로 짧은 시간에 상품과 서비스를 생산하는 것이다. 향상된 생산성은 1인당 산출물을 증대시키게 한다.

더 큰 생산성을 이루는 한 가지 방법은 전문화를 통해서이다. 개인과 국가는 가장 효과적으로 생산할 수 있는 것들의 생산을 전문화함으로써 더욱 생산적이 될 수가 있다.

생산성과 경제적 산출물을 증대시키는 또 다른 방법은 새로운 기술을 이용하는 것이다. 새로운 기계와 새로운 기술은 역사적으로 경제적 생산성을 향상시키는 데 매우 중요한 역할을 해 왔다. 그것은 오늘날도 계속되고 있다.

(4) 경제활동이 줄고, 실업이 증가하는 기간을 경기 후퇴라고 한다. 경제학자들은 경기 후퇴를 연간 생산된 모든 상품과 서비스의 총 시장가치(시가)인 국민총생산(GNP)이 줄어들고, 실업이 증가하는 시기로 규정한다. 국민총생산이 매우 낮은 수준으로 떨어져, 대단히 많은 사람들이 실업 상태인 기간이 늘어나는 동안 그 수준에서 계속 머물러 있다면, 그 상황을 경기 불황이라고 한다. 경기 불황은 모든 나라에 심각한 경제 위기의 시기이다.

6. 사람들이 정부를 가지고 있는 한, 어떤 형태로든 소득세를 가지고 있었다. 고대에는 화폐가 널리 사용되지 않았다. 그러나 곡식이 수입으로 간주되었고, 사람들은 그 수확의 일부를 정부에 냈다. 고대 그리스와 로마는 시민들이 벌어들인 돈에 일종의 세금을 부과하였다. 최초의 현대적 소득세는 1799년 영국 의회에서 채택되었다. 미국은 남북전쟁의 비용을 조달하기 위해 1862년에 소득세를 부과하였다. 1894년 미국 연방 대법원은 소득세가 위헌이라고 판정하였다. 그러나 소득세가 제공하는 수입이 필요했기 때문에, 의회는 그 세금을 합법화하도록 헌법을 수정할 것을 촉구받았다. 1913년에 16차 수정 헌법이 발효되었고, 그 해 의회는 개인과 법인에 소득세를 부과하였다. 그후 법률에 많은 변화가 있었지만, 그 세금은 남아 있다.

7. (1) 경제학자들은 인플레이션의 원인은 여러 가지라고 알고 있다. 때때로 정부 지출이 인플레이션을 일으킨 책임이 있기도 하고, 때로는 기업과 노동조합에 책임이 있기도 하다. 인플레이션은 종종 전쟁으로 발생한다.

일자리를 원하는 모든 사람들이 일자리를 가지고, 많은 상품과 서비스가 생산되고 있을 때, 경제가 가장 잘 돌아가고 있다고 우리는 알고 있다. 약간의 가격 상승은 경제 성장에 도움이 될 수 있다고 알고 있으나, 계속되는 가격 상승은 화폐(달러)가 구매할 수 있는 양을 줄인다. 사람들이 화폐가치가 떨어졌다고 깨달을 때는, 가격이 더 오르기 전에 서둘러 구매한다. 그때 기업 경영자들은 자기들 제품에 대한 수요가 증가한다고 생각한다. 그들은 새로운 제품과 기계, 공장에 돈을 투자한다. 그 제품들이 잘 팔리면서, 기업 경영자들은 자신들의 기업을 확장하기 위해 돈을 빌려오기도 한다.

새로운 기업들이 성장하면서, 노동자들도 많이 필요하다. 그 결과 사람들은 더 많은 봉급을 받게 된다. 그들은 남는 돈을 쓰고, 심지어 제품을 구입하기 위해 돈을 빌리기도 한다. 가격의 상승은 또 노동자들이 봉급 인상을 요구하게 만든다. 이것은 기업의 경영비용을 압박한다. 그러나 기업은 다시 가격을 인상해야 하고, 전체 인플레이션 과정이 다시 시작된다.

(2) 디플레이션은 과거에는 매우 드문 일이었다. 그것은 일반적으로 경기 불황 기간에 발생하였다. 디플레이션은 기업들이 자기들의 제품이 잘 팔리지 않음을 발견할 때 시작된다. 이것은 기업들이 더 큰 시장을 기대하였기 때문이다. 곧 그들은 은행에서 빌린 돈을 갚을 만큼 충분한 돈을 벌지 못하게 된다. 그들은 공장의 문을 닫아야 한다. 이렇게 되면, 이 공장들에 있던 노동자들은 일자리를 잃게 된다. 곧, 먹고 살 돈도 없고, 빚을 갚을 돈도 없다. 다른 기업들도 도산을 하고, 일자리는 구하기 어렵다. 경기 불황은 많은 기업들이 더 이상 활동을 하지 못하고, 많은 사람들이 일자리가 없는 시기이다.

8. (1) 생명보험을 가지는 것은 사람이 자신이 죽은 뒤에 가족이 먹고 살 돈을 가지도록 확실히 하는 방법이다. 보험료는 보험회사가 예상하는 그 사람이 살 수 있는 기간을 근거로 한다. 어떤 보험 증권들은 사람들이 아직 살아 있는 동안에, 그들이 납부한 금액에 대해서 돈을 빌릴 수 있도록, 예를 들면, 자녀의 대학 등록금에 보탬이 되도록 하고 있다. 또, 어떤 보험 증권은 보험계약자들에게 퇴직 후 매달 일정 금액을 지급한다. 많은 고용주들이 자기 노동자들을 위해서 생명보험을 구입한다. 왜냐하면, 노동자들이 각자 보험 증권을 구입할 경우보다는 단체 보험이 싸기 때문이다.

9. 국가들은 여러 가지 이유로 무역을 한다. 무엇보다도, 천연자원이 나라마다 다르기 때문에 무역을 해야 한다. 예를 들어, 캐나다가 니켈광의 매장이 풍부한데, 기후가 너무 추워서 오렌지는 자라지 못한다. 미국은 니켈이 거의 없지만, 다른 어느 것보다도 오렌지의 수확은 많다. 그러므로, 미국이 캐나다에 오렌지를 수출하고, 캐나다 니켈을 수입하는 것이 타당하다.

또 다른 예로서, 일본은 세계의 주도적인 산업 국가 중에 하나이다. 하지만, 산업에 이용되는 광물 자원과 기타 원료들이 한정되어 있다. 그래서 일본은 자기들이 수출하는 산업 제품을 제조하는 데 필요한 원료들을 수입해야 한다.

국제 무역은 또 한 나라가 가장 잘 만들 수 있는 품목의 생산을 전문화하도록 만든다. 이것을 비교 우위의 원칙이라고 한다. 그것은 자국 노동자들의 기술을 포함하여 모든 국가 자원을 가장 생산적으로 이용하는 것을 가능케 한다.

대부분의 국제 무역은 비교적 높은 생활 수준을 가진 산업 국가들 간에 이루어진다. 그 한 가지 이유는 그런 국가의 국민들은 보통 외국 제품을 구입할 수 있는 충분한 소득을 가지고 있다는 것이다. 또 하나는 산업 국가들이 일반적으로 매우 다양한 제품들을 생산한다는 점이다.

10. 직접 마케팅에 사용되는 통신 수단은 카탈로그와 편지, 잡지와 신문, 라디오와 텔레비전의 광고, 그리고 전화 등이다. 어떤 방법을 쓰든지, 사람들은 우편이나 전화로 직접 반응을 하도록 요구받는다.

직접 마케팅은 제품을 팔고 전달하기에 아주 효과적인 방법으로서, 점포나 본인이 직접 하는 판매 전화를 반드시 요구하지는 않는다. 이런 까닭에, 잡지와 신문사의 보급 부서, 신용카드 회사, 서적과 음반 회사, 금융 서비스, 보험회사 등, 여러 유형의 기업들이 이 마케팅을 이용한다. 카탈로그나 우편 주문 회사들처럼 직접적인 마케팅을 이용하는 어떤 기업들은 점포가 없다. 다른 기업들은 다른 판매 방법과 겸해서 직접 마케팅을 이용한다. 심지어 소매 점포들도 우편이나 전화로 상품을 판매한다. 직접 마케팅은 또 대학이나 기금 모금 단체들이 이용하기도 한다.

11. 돈은 여러 가지 방법으로 사람들의 목적에 이바지한다. 예를 들어, 빵장수들은 자신들이 굽는 빵만으로는 살 수 없다. 오늘날의 사회에서, 그들은 자신들의 빵을 다른 사람들에게 팔아서 생활 필수품들을 구입하는 데 필요한 돈을 마련해야 한다. 이런 식으로 돈은 교환의 매체로 이바지한다.

빵장수는 빵 한 덩어리에 얼마를 받을지 알고 있으므로, 돈은 다른 일도 할 수 있다. 돈은 새로운 것을 구입하기 위해 얼마나 많은 빵을 구워야 할 것인지를 빵장수에게 알려준다. 빵과 오븐 모두 제 가격이 있다. 그래서 돈은 그 사람이 새 오븐을 살 수 있을지, 그것을 사용해 빵을 구워 더 많이 팔 수 있을지를 판단하는 데 도움을 준다. 이런 식으로 돈은 가치의 기준으로 이바지한다.

마지막으로, 돈은 저축될 수 있다. 빵장수는 텔레비전 세트와 바꾸기 위해 거리에서 빵이 다 팔리기 전까지 매일 빵을 몇 덩어리씩 간신히 모을 수는 있을 것이다. 설사 텔레비전 가게가 기꺼이 빵으로 대금을 지불받는다 해도, 빵장수가 충분히 모을 때까지는 빵 덩이들이 곰팡이 필 것이다. 그러나 빵장수는 매일 돈을 조금씩 저축할 수 있다. 이런 식으로 돈은 가치의 축적으로 기여한다.

12. 소매 점포들은 생산자나 도매상으로부터 상품을 대량으로 구입하여 소비자들에게 이 상품을 소량으로 판매한다. 고객이 제품을 살펴보고서, "난 이것이 싫어." 또는 "나는 저걸 사겠어."라는 말을 할 기회를 가지는 것은 소매 점포에서이다. 그래서 상인들은 대중이 무엇을 원하고 필요로 하는지 알게 된다.

소매 상인들이 제조업자들에게 보내는 주문은 그들이 고객들의 선호를 알고 있음을 반영한다. 자연히 그들은 수요가 있는 품목을 주문하고, 팔 수 없는 품목들은 주문하지 않는다. 제조업자들 역시 가능한 많이 팔기를 원한다. 그래서 그들은 소매 상인들이 주문하는 인기 있는 품목들을 더 많이 만든다. 이 품목들을 더 많이 만들기 위해서, 그들은 그 품목들을 만드는 원료를 더 많이 필요로 한다. 차례로, 원료 생산자들도 그것을 더 많이 생산한다.

소매는 미국에서 가장 큰 산업 가운데 하나이다. 거의 2백만 개의 소매 점포가 있다. 이것은 전국의 모든 기업체 수의 27%에 해당한다. 미국에서 1천6백만 명 이상이 점포에서 일을 한다. 거의 노동자 6명 가운데 1명 꼴이다.

13. 판촉의 목적은 사람들을 확신시켜 제품을 구매하게 하는 것이다. 두 가지 주요 판촉 수단은 직접 판매와 광고이다. 직접 판매는 가망 있는 고객에게 판매원이 직접 만나서 제품을 설명하는 것이다.

직접 판매는 비싸기 때문에, 식품, 약품, 기자재 등의 소매 상인들은 셀프서비스로 운영한다. 대형 연쇄점의 많은 부서들이 셀프서비스이다. 직접 판매는 산업 분야 고객들에게 제품을 판매하기 위해 아직도 널리 이용되고 있다. 많은 산업용 제품들은 대단히 기술적이어서, 판매자가 제품이 어떻게 작동하고, 그것이 구매자의 요구를 어떻게 충족시킬 것인지를 자세히 설명할 수 있어야 한다. 예를 들면, 복잡한 컴퓨터 시스템을 팔기 위해서는, 판매원이 그 제품뿐만 아니라 경쟁사의 제품과 일반적인 컴퓨터 과학에 대해서도 지식을 가지고 있어야 한다.

광고는 제품에 관한 정보를 간접적으로 설명하는 것이다. 텔레비전, 라디오, 신문, 잡지, 광고판, DM 등은 고객들에게 광고를 설명하는 가장 널리 이용되는 수단들이다. 제조업자들은 광고를 준비하고 매체들에 그 광고들을 싣기 위해 광고 대행사들을 고용하기도 한다. 포장은 판촉의 또 다른 유형이다. 포장이 사람들의 시선을 사로잡기 때문에, 어떤 고객들은 걸음을 멈추고 그냥 제품을 바라볼 것이고, 그런 다음에 그 제품을 구입할 수도 있다.

14. (1) 주식(증권)은 소유권의 증서이다. 어느 회사의 주식을 구입하는 사람은 그 회사 소유자의 한 사람이 된다. 주주는 소유자로서 그 회사 이익의 배낭 또는 몫을 받을 자격이 있다. 이 배당의 양은 매년 그 회사의 활동에 따라 변할 수 있다. 건실한 회사는 주주들에게 가능한 높은 배당을 지급하려고 노력한다.

주식은 두 가지가 있다. 일반주(株)와 우선주(株)이다. 일반주의 소유자들은 회사의 이사 선출에 투표하고, 연례 주주총회에도 참석할 수 있다. 이 회의에서 그들은 회사의 연간 활동과 미래의 계획을 검토하고, 자신들의 의견을 개진할 기회를 가진다. 우선주의 소유자들은 일반적으로 투표권이나 주주총회에 참석할 권리를 갖지 못한다. 하지만, 배당금이 지불될 때, 우선권을 가진다. 일반주의 배당이 회사의 활동에 따라 변동하는 반면, 우선주의 배당금은 정해진 비율에 따라 지급된다. 하지만, 회사가 잘되더라도 우선주는 일반주만큼 가치를 얻지 못한다. 만일 회사가 기업 활동을 못하게 되더라도 우선주 주주들은 우선 변제 받는다.

(2) 채권은 고정된 비율의 이자를 지급하겠다고 약속하는 증서이다. 채권을 구입하는 사람은 회사의 소유권을 구입하는 것이 아니고, 그 회사에 돈을 빌려주는 것이다. 채권은 10년, 15년, 20년 같은 일정 기간이 끝날 때, 그 돈을 갚겠다는 회사의 약속이다. 회사에 돈을 빌려주는 대가로, 채권자는 정기적으로 이자를 지급받는다. 그 이자율은 회사의 재정 능력뿐 아니라 채권이 발행될 당시의 일반 이자율을 바탕으로 한다. 채권은 일반적으로 우선주(株)보다는 많은 돈을 내고, 흔히 좀 더 안전한 투자라고 여겨진다. 어떤 회사가 파산하게 될 경우, 채권자들은 우선주와 일반주의 주주들보다 먼저 변제를 받는다.

지방이나 주(州) 정부, 국가 정부들도 도로나 학교 등, 여러 가지 프로젝트에 비용을 조달하기 위해 채권을 발행한다. 채권자들이 시(市)채권이라고도 하는 주(州) 채권이나 지방 채권으로부터 받는 이자는 일반적으로 세금을 면제받는다.

15. 전통적으로 관세는 두 가지 주요 기능을 가지고 있다. 정부 수입을 생산하고, 외국 경쟁사로부터 국내 생산자들을 보호하는 것이다. 수입(收入)관세는 대부분의 국가들에게 더 이상 중요한 수입원이 아니다. 오늘날 관세의 주목적은 보호이다. 그것은 외국 제품의 비용을 올려, 국내에서 생산된 제품을 위해 수입을 억제한다.

보호관세를 지지하는 사람들은 국내 일자리를 보호하고, 임금이 싼 국가들의 노동자들의 경쟁에 대항하여 임금노동자들을 보호해야 한다고 주장한다. 게다가, 어떤 산업은 전쟁이 날 경우에 절대 필요하고, 자급자족을 위해서 보호되어야 한다고 주장한다.

관세 반대자들은 한 국가가 보호관세로부터 얻게 되는 이익은 일시적일 뿐이고, 그 결과는 실제로 이롭기보다는 해롭다고 말한다. 예를 들어, A 국가가 수입품에 대해 관세를 부과하여 B 국가로부터 수입을 줄이면, B 국가는 A 국가의 제품을 살 수 있는 수입이 줄어들 것이고, A 국가의 수출품에 관세를 올려 보복을 할 것이다.

이런 식의 경제 전쟁은 국가간에 거래되는 전체 제품의 양을 줄이는 결과를 낳는다. 대부분의 경제학자들은 관세가 일반적으로 제품의 생산 비율과 국가들의 생활 수준을 떨어뜨린다고 한다. 기업들은 구매자들이 줄어들어서 고통을 겪고, 고객들도 제품에 대해 높은 가격을 지불해야 함으로써 타격을 받는다.

16. 세금이란 수입이나 재산에 대해 정부가 부과하는 부담금 또는 의무이다. 세금은 정부의 비용이나 기타 공공 비용을 조달하는 데 사용된다. 자유기업 생산체제를 가진 국가들에서는 거의 모든 공공 서비스가 과세 수입으로 충당된다.

세금은 정부가 거둬들이는 다른 기금들과 최소한 두 가지 점에서 다르다. 세금이 납부될 때, 세금을 납부하는 사람은 직접적인 혜택을 보지 못한다. 납세자는 공립학교와 하수도 체계 같은 혜택과 서비스를 널리 지역사회와 함께 공유한다. 비과세 납부가 정부에 지불될 때는 그것을 납부하는 사람이 직접 혜택을 받는다. 비과세 납부의 좋은 예가 여권 같은 정부 문서에 대해 지불하는 수수료들이다. 과세 기금은 비과세 기금과 또 다른 점에서 다르다. 세금은 반드시 납부해야 하는 강제성이 있다. 그러나 비과세 납부는 개인이 일반적으로 납부를 할 것인가 말 것인가 결정한다.

17. 19세기의 두 가지 발전은 전세계 무역 체제에 혁명을 일으켰다. 하나는 철도와 증기선의 발전으로서, 한 곳에서 다른 곳으로 상품들을 신속하게 운송할 수 있었다. 두 번째는 중장비 기계의 완비로, 상품들을 값싸고 신속하게 생산할 수 있었다. 큰 공장들이 설립되었다. 곧 상품들이 한 공장에서 제조되어 다른 지역으로 운송되는 것이, 한 지역에서 자체적으로 필요한 모든 것들을 조달하는 것보다 더 싸졌다. 서로 다른 지역들이 서로 다른 종류의 상품 생산을 전문화하게 되었다. 우리의 현대적인 무역과 상업의 체제는 이 전문화에 기반을 두고 있다.

제3장

1 (1) ① (2) ⑤　　2 ⑤　　3 1. ④ 2. ⑤　　4 ③　　5 1. ④ 2. ②　　6 1. ②
2. (1) ⑤ (2) ④　　7 (1) ② (2) ④　　8 1. ③ 2. ④　　9 (1) ⑤ (2) ①　　10 ①
11 (1) ④ (2) ④　　12 1. ① 2. ③　　13 1. ⑤ 2. ② 3. ①　　14 ④　　15 1. ③ 2. ③
16 1. ④ 2. ④　　17 ④　　18 ③　　19 ⑤　　20 ④　　21 ①　　22 ⑤　　23 ②
24 ③　　25 (1) ⑤ (2) ②　　26 ④　　27 ①

1. 대부분의 국가에서 어린이들은 아버지와 어머니 그리고 그들에게서 태어난 자녀들로 구성된 가족에서 자란다. 하지만 일부 친부모들은 모든 어린이들이 필요로 하는 사랑과 보호를 주지 못한다. 그들은 흔히 아주 어리고 결혼도 하지 않았다. 그들은 부모가 되는 책임에 대해 미리 생각하지 못했다. 이런 부모는 많은 슬픔 끝에 자식을 포기하고 입양시키기로 결정하기도 한다. 그들은 아기가 사랑과 안전을 줄 수 있는 가정에서 성장할 기회를 갖게 되기를 원한다.

다른 어린이들은 사망, 사고, 질병, 전쟁, 기타 재난으로 부모를 잃기도 한다. 간혹 심각한 개인적인 문제를 가진 부모가 아기를 소홀히 하거나 버리기도 한다. 어린이들은 임시 양육 가정이나 기관에서 오랫동안 남아 있기도 한다. 그러면 그 아이들의 부모는 절대로 이들을 집으로 데려갈 수 없을 것임은 자명해진다. 이 모든 경우에, 부모가 아닌 다른 누군가가 입양이 아기를 위해 최선임을 결정해야 한다.

더 이상 돌봐 줄 부모가 없는 이 어린이들을 위한 가정들을 찾아야 한다. 입양을 희망하는 아이 없는 사람들이 많이 있다. 그들은 아기를 사랑하고 기르기를, 또 자신들을 사랑하는 아기를 갖기를 대단히 바라고 있다. 또한 이미 자녀들이 있는 어떤 부모들은 그들의 사랑과 가정 생활을 부모가 필요한 또 다른 아기와 함께 공유하기를 원한다.

2. 산아 제한의 광범위한 이용이 해마다 전세계적으로 보다 중요해지고 있다. 이제 세계에는 60억이 넘는 인구가 있고, 그 수는 특히 가난한 저개발 국가들에서 급속히 증가하고 있다. 여러 나라들은 각기 다른 방식으로 산아 제한을 지원하고 있다. 유럽과 미국에서는 여러 가지 산아 제한 방법들이 손쉽게 합법적으로 이용되고 있다. 중국에서는 엄격한 법률로 가족의 규모를 통제하고 있다. 인도에서는 수백만 명에게 산아 제한이 적용되도록 강력한 노력을 기울이고 있다. 멀리 떨어진 여러 지역에 위성 텔레비전으로 가족 계획을 가르치고 있다.

하지만 모든 사람이 산아 제한 이용에 호의적인 것은 아니다. 결혼 생활에서 성적인 사랑은 임신의 가능성과 분리될 수 없음을 믿고 있는 로마 카톨릭 교회는 인공적인 산아 제한 방법들을 금지하고 있다. 오직 금욕이나 주기(피임)법으로 하는 가족 계획만을 수용하는 것으로 생각된다. 어떤 사람들은 정부가 국민들에게 정치적인 통제를 가할 목적으로 산아 제한을 강요할까 두려워하고 있다. 다른 어떤 사람들은 산아 제한 교육이 사람들에게 혼전성교를 부추기고 있다고 주장하는데, 과학적 증거가 제시되지 않은 생각이다.

3. (1) 도움이 필요할 것 같은 시각 장애인을 보았을 때는 도움을 준다. 당신이 누구인지 그 사람에게 말해주어야 한다. 그 사람이 도움이 필요 없다고 말하면, 그 말을 믿고 그냥 가던 길을 간다. 그 사람이 당신의 도움을 받아들이면, 그 사람이 당신의 팔을 팔꿈치에 끼도록 해준다. 시각 장애인을 인도할 때는 언제나 약간 앞서 걸어야 한다. 시각 장애인이 맹도견을 부린다면 그 개를 만지거나 주의를 흩뜨려서는 안 된다. 맹도견은 근무중인 개이지 애완용이 아니다.

'보세요' 같은 말들의 사용을 두려워하지 마라. 그런 말들이 시각 장애인들을 불편하게 하지는 않는다. 어떤 사람이 시각 장애인이라면, 그 사람이 들을 수 없다는 뜻이 아니다. 정상적인 목소리로 말하는 것을 명심해야 한다.

시각 장애인을 떠날 때는, 그 사람에게 떠난다고 말해야 한다. 또 만날 수 있다는 점을 그 사람에게 알린다. "또 뵙겠습니다!"

(2) 시각 장애 어린이들을 위한 최초의 학교가 Valentin Hauy에 의해 1784년 프랑스에 세워졌다. 미국에서는 1833년까지 시각 장애 어린이들을 위한 특수학교가 3개 있었다. 공립학교는 1900년대 초에 시각 장애 어린이들을 교육하기 시작하였다. 오늘날 미국에는 맹아나 시각 장애 어린이들의 약 90%가 이웃 또는 지역사회 학교에서 교육을 받고 있다. 맹아나 시각 장애 어린이들은 시력이 없는 사람들에게 필요한 특수한 기술을 배워야 한다. 이들은 또 특수한 방법으로 기본적인 개념들을 배워야 한다. 우리가 배워야 하는 아주 많은 것들이 관찰을 통해서이기 때문에, 시각 장애 어린이들은 손으로 만지는 경험을 대단히 많이 필요로 한다. 아래위, 도로, 무지개, 구름, 별 같은 개념들은 모형이나 정확한 언어적 설명으로 가르치지 않으면 의미가 없는 단어들이다.

시각에 의존하지 않는 직업이라면 어떤 것도 맹인이나 시각 장애인에게 열려 있다. 시각이 없는 사람들도 교사, 농부, 컴퓨터 프로그래머, 공무원, 회계사, 변호사 등이 될 수 있다. 젊은 사람들은 신문을 배달하거나, 여름 캠프에서 어린이들을 지도하고, 패스트푸드점에서 음식을 나르는 일들을 할 수 있다.

4. 1990년의 인구조사는 주로 우편으로 실시되었다. 여섯 가정 가운데 다섯 가정이 조사 설문지를 받아 작성하고 반송하였다. 이 설문지는 가정의 모든 사람에 대한 일곱 가지 질문(나이, 성별, 결혼 여부, 인종 등) 외에도, 주택이나 아파트에 대한 일곱 가지 추가적인 질문(방의 개수, 주거 형태, 적절한 가격)을 물었다. 모든 여섯 번째 가정은 더 길고 더 상세한 질의서를 받았다. 이 설문지들 또한 작성되어 반송되었다. 설문지가 돌아오지 않거나 적절히 작성되지 않으면, 호별 방문 조사원이라고 하는 미국 통계조사국 직원이 가정을 방문하여 필요한 정보를 수집한다.

시골에서는 좀더 간단한 설문지들이 우편배달부들에 의해 배달되고, 호별 방문 조사원들에 의해 수거된다. 그리고 모든 여섯 번째 가정은 더 긴 설문지의 질문들을 받는다. 전국의 통계조사 사무소로부터 설문들이 수집되어 마이크로필름에 담긴다. 마이크로필름은 마그네틱테이프로 변환된다. 이것은 컴퓨터에 입력되어, 어떤 응답자의 신원도 노출시키지 않고 필요한 정보를 생산해 낸다.

5. (1) 컴퓨터는 여러 가지로 사회를 변화시켰다. 엄청난 양의 정보가 컴퓨터와 모뎀을 가지고 있는 사람이면 누구에게나 유용하다. 새로운 임무를 완수할 수 있고, 사람들은 가능하다고는 결코 생각해 보지 못한 방법으로 통신을 할 수 있다. 하지만 이로움과 함께 어떤 새로운 문제점들이 등장하였다. 컴퓨터 데이터베이스에 있는 거대한 양의 정보는 유익한 반면에 개인의 권리와 프라이버시를 남용할 잠재성 또한 가지고 있다. 예를 들어, 많은 데이터베이스들은 건강, 직장, 또는 재산 기록 같은 개인에 대한 사적인 정보로 여겨지는 것들을 내포하고 있다.

전반적인 일련의 문제들은 소프트웨어나 정보에 해를 입히는 일이다. 한 가지 문제가 데이터를 파괴하거나 컴퓨터 작동 시스템을 손상시키는 프로그램인 '바이러스'의 개발이다. 또 다른 문제는 전자 회로로 컴퓨터 시스템에 침입하여 데이터를 훔치거나 파괴하는 일이다. 세 번째 문제는 저작권이 있는 소프트웨어를 불법으로 복제하여 소프트웨어 디자이너나 제작자들에게서 수입을 빼앗는 일과 관련된다. 네 번째 문제는 컴퓨터를 이용해 본래의 내용을 변경시키는 방식으로 음성, 사진, 애니메이션 등을 조작하는 일 등, 사기를 목적으로 정보를 변경하는 것이다.

또 다른 중요한 문제는 컴퓨터화로 인해 일자리를 잃는 것이다. 1980년대 이후, 많은 일자리가 컴퓨터와 로봇에게로 넘어갔다. 컴퓨터 산업으로 창출된 많은 새로운 일자리도 잃어 버린 일자리 수에 미치지 못한다.

(2) 여러 가지 풍조들이 결합하여 가정의 본질을 변화시키기도 한다. 현재 대화식 컴퓨터 게임은 가족들에게 유용한 오락의 종류에 새로운 차원을 더해 준다. 미래에 가정은 중앙 컴퓨터가 전자 제품들과 로봇 장치들을 제어할 수 있는 곳이 되고, 이 장치들은 식구들이 외출중일 때도 작동을 하여 가사를 할 수 있을 것이다. 전화로도 음성 명령을 내려 지시를 바꿀 수 있을 것이다.

오늘날은 또 많은 사람들이 모뎀에 연결된 컴퓨터를 통해 자신들의 사무실이나 고객들과 연락을 하면서 집에서 일을 하는데, 이런 경향은 계속될 것 같다.

컴퓨터가 더욱 일반화되면서, 그런 변화들은 분명히 가속될 것이다. 사람들은 미래에 자신들의 삶에 영향을 미칠 그러한 변화들에 대비하여 자신들을 준비하기 위해 컴퓨터를 잘 알아야 할 필요가 있다.

6. (1) 무엇이 범죄를 일으키는지 아무도 정확히 알지 못한다. 여러 가지 범죄는 여러 가지 원인을 가지고 있을 것이다. 예를 들어, 논쟁중에 화가 나서 다른 사람을 공격하는 어떤 사람은 은행출납원이 은행에서 돈을 훔치게 만드는 것과 같은 동기에 영향을 받는 것은 아니다.

어떤 학자들은 범죄의 원인은 물리적이고 생물학적이라고 생각한다. 이것은 아주 오래된 관점이다. 한때 연구원들은 범죄를 저지르는 사람들은 신체 조건이나 머리 모양 같은 것들에서 다른 사람들과 다르다고 믿었다. 현대 학자들은 대부분 이 이론을 반대한다.

다른 학자들은 범죄의 원인이 사회적이라고 생각한다. 그들은 가난, 실업, 열악한 주거 같은 것에 중요성을 부여한다. 교육이나 직업훈련의 결여와 가정 파탄 등이 범죄로 이어질 수 있는 요인들로 연구원들이 믿고 있는 것들이다.

여전히 다른 학자들은 범죄 원인이 대체로 심리적이라고 믿고 있다. 그들은 범인을 흔히 자신의 통제를 뛰어넘은 것으로 생각되는 정신적인 힘에 지배를 받은 사람으로 보고 있다. 이 이론에서 범죄는 공포나 분노와 같이 정신 질환으로 이어지는 어떤 문제점의 증상으로 여겨진다.

(2) 사람들은 범죄의 희생자가 될 수 있는 기회를 줄이기 위해 각자 할 수 있는 일들이 많이 있다. 예를 들어, 사람들은 어떤 형태의 자물쇠가 가장 안전한지 알고 있다. 사람들은 물건들을 잃어 버렸을 경우 되찾을 기회를 높이기 위해 텔레비전, 스테레오 장비, 기타 소유물들의 제품 번호를 기록해 두어야 한다.

많은 지역에서 사람들은 수상한 상황을 사람들에게 보고하기 위해 개인용 주파수대 라디오 장비를 사용한다. 같은 이웃에 살고 있는 사람들은 서로의 가정을 경호하기 위해 '시민 자경단'을 조직할 수도 있다. 범죄로부터 자신들을 보호하기 위한 노인 집단을 특수경찰 프로그램이 돕기도 한다. 이런 조처들은 범죄 예방이 경찰의 임무만이 아니라 모든 사람들의 일이라는 것을 좀더 인식하게 해준다.

7. 많은 청각 장애인들은 입술 읽기 또는 독순법(讀脣法)을 배운다. 언어의 30% 정도만 입술로 구별되기 때문에 이런 형태의 의사 소통은 어려운 방법이다. 훌륭한 언어 읽기 기술을 가진 사람들은 입술의 움직임과 혀의 위치를 기억한다. 그들은 이 신호들을 사용하여 다른 사람의 말을 이해하는 데 도움을 받는다.

청각 장애인들의 말은 이상하게 들릴 수도 있으나, 청각 장애인들의 목소리에는 전혀 이상이 없다. 말소리를 정상적으로 만드는 것은 여러분의 목소리를 자신의 청각을 통해 끊임없이 조정한다는 사실이다. 여러분의 귀는 여러분이 너무 크게 말하는지 아니면 너무 부드럽게 말하는지를 알려준다. 다른 사람이 단어를 발음하는 것을 여러분이 들을 때, 여러분은 그 단어들이 어떻게 들릴 것인지를 알게 된다. 듣기를 통해, 여러분은 자신의 목소리를 듣고, 자신의 말을 주위 사람들의 말처럼 들리게 한다. 듣지 못하는 사람은 이런 이점이 결여되어 있어서 자신의 말을 모니터 할 수가 없다. 그러나 많은 청각 장애인들이 단어를 정확하게 만드는 법과 잘 말하는 법을 기억하고 있다. 사람이 얼마나 분명하게 말하느냐 하는 것은 지성과 아무런 상관이 없다. 다만, 청각과 관계가 있을 뿐이다.

8. (1) 30년 전에는 중증 장애인들이 직장을 갖는 것은 드문 일이었다. 오늘날 많은 장애인들이 자신과 가족들을 부양한다.

과거에는 직장을 구하는 청각 장애인들은 이런 말을 들었다. "당신은 전화를 이용할 수 없으므로 우리는 당신을 고용할 수 없습니다." 오늘날은 청각 장애인들이 '청각 장애인용 통신 장치'(TDD)의 도움으로 그들이 전화뿐만 아니라 어떤 것도 이용할 수 있음을 보여준다. 시각 장애인들도 한때 이런 말을 들었다. "당신은 서류 작성을 할 수 없어요." 오늘날은 시각 장애인들이 컴퓨터를 이용해 어떤 것도 읽을 수 있다. 지체 장애자들은 직장에 올 수 없다고 고용주들이 믿었기 때문에 취직이 거부당한 적이 있었다. 오늘날은 모터 달린 휠체어, 특수 승강기를 장착한 버스, 기타 장치들이 이들을 도와 집에서 직장으로 데려다 준다. 어떤 사람들은 심지어 집에서 일을 하는데, 컴퓨터로 글을 쓰고, 자신들이 생산하는 정보를 전화로 고용주에게 보낸다. 교육과 직업훈련, 현대적 기술로 모든 장애인들은 자신들의 능력과 관심이 닿는 거의 모든 일을 할 수 있다. 사실은, 장애인들이 할 수 없는 일을 찾기가 힘들어지고 있다.

(2) 이런 모든 진보에도 불구하고, 대부분의 장애인들이 직장을 얻지 못하고 있는 사실은 여전하다. 그들에게 직장을 얻지 못하게 하는 장벽이 여전히 있다.

가장 뚜렷한 장벽은 물질적인 것들이다. 일부 새로운 기구나 장비들은 비싸다. 재정적인 장벽이다. 예를 들어, 모든 시각 장애인들이 말하는 컴퓨터를 구입할 수는 없다. 물질적인 장벽에는 계단 오르기, 커브 돌기, 휠체어가 지나가지 못하게 하는 좁은 문간 등이 있다. 사람들은 이런 장벽들을 서서히 제거하고 있다. 새로운 건물들이 구 건물들을 대체할 때는 장벽을 없애도록 설계된다. 그러나 기존의 장벽을 없애는 것은 비싸고, 이런 이유에서, 그 과정이 느리다. 그래서 많은 지체 장애인들이 직장을 오가는 데 어려움을 가지는 것이 사실이다.

태도의 장벽은 분명하지 않다. 장애인들이 일을 수행하거나 수업에 올 수 있다는 사실을 믿지 못하는 고용주들과 학교 행정 담당자들이 아직 많이 있다. 이 태도는 굳은 벽만큼이나 무서운 벽이다. 그것은 많은 장애인들이 자신들을 부양할 수 없게 한다. 더 많은 사람들이 장애인들이 할 수 없는 것보다는 할 수 있는 것을 보고 알게 될 때, 더 많은 장애인들이 도움을 받을 것이다.

9. 최근에 미국과 전세계에서 약물 남용이 급속도로 증가하였다. 그 실상은 대체로 새로운 감각을 찾고, 약물이 자신들의 정신적인 기능 또는 스스로를 이해하기 위한 자신들의 능력을 향상시킬 것을 바라는 젊은이들 사이에서 일어나고 있다.

일부 젊은이들은 특히, 친구들이 권할 경우, 아직 초등학교에 다니면서 약물을 복용하기 시작한다. 고등학교와 대학 신입생 때는 더욱더 많은 이들이 약물을 복용해 본다. 대학 생활 중반까지는 이 집단의 대부분이 이 습관이 위험하다는 것을 깨닫는다. 약물을 복용해 본 대부분의 젊은이들은 곧 끊지만, 어떤 이들은 끊고 싶어도 끊을 수 없음을 알게 된다. 10대 초반 젊은이들의 약물 복용(특히 알코올 복용)이 현재 하나의 문제이다.

가끔 사람들은 약물에 대한 의사의 처방을 현명하지 못하게 사용한다. 어떤 사람은 약을 너무 많이 복용하거나, 약물 사용 금지에 대해 의사의 제지를 받지 못하기도 한다. 그러나 매우 자주 어떤 사람은 다른 사람에게 약물 남용을 소개한다. 신입자는 차례로 다른 사람들에게 약을 소개한다. 이런 방식으로 점점 더 많은 사람들이 약물을 위험성을 깨닫지 못한 채 복용하기 시작한다. 이것이 오늘날의 상황이다.

10. 집 없는 사람들이란 너무 가난하거나 아니면 영구적인 주거지에 살 수 없는 사람들이다. 많은 집 없는 사람들이 대도시의 거리에서 지내면서, 구할 수 있는 대로 음식과 주거를 취하고 있다. 교회와 지역사회 단체들이 많은 사람들을 돕고 있지만, 집 없는 사람들의 수는 주거가 개방될 수 있는 것보다 더 빨리 증가한다. 집 없는 사람들이 증가하는 여러 복합적인 원인들 가운데는 적은 비용의 임대 주택이 없다는 것, 증가된 약물, 기관들에서 정신 질환자들을 내보내는 정책 등이 있다.

11. 이민(immigration)은 흔히 선택한 나라에 영구적으로 정착할 목적으로 사람들이 한 나라에서 다른 나라로 임의로 이동하는 것이다. 밀접하게 관계되는 용어인 이민(emigration)은 한 나라를 떠나 이동하는 것을 말한다. 이렇게, 사람들이 자신의 조국을 떠나 새로운 고향을 향해 갈 때, 그들을 이주민(emigrants)이라고 한다. 일단 그들이 새로운 나라에 도착하면, 그들은 이주자(immigrants)라고 한다. 자신들의 안전에 대한 즉각적인 위협 때문에 조국을 떠나 도망하는 사람들은 다른 나라에서 피난처를 구하기 때문에 보통 난민으로 언급된다.

이민(immigration)은 이주(migration)라고 하는 것으로 사람들의 광범위한 이동의 한 형태이다. 이주는 인류 그 자체만큼이나 오래되었다. 인간이 대체로 사냥으로 살았던 선사 시대에는, 사람들의 집단은 그들의 생존이 달려있는 동물들을 쫓아서 이곳에서 저곳으로 이동 또는 이주를 다녔다. 심지어 농사에 기반을 둔 정착 공동체들이 발전하였을 때에도, 사람들은 이런 유형의 이동을 계속하였다. 왜냐하면 흔히 인구과잉이나 흉작, 또는 이웃 사람들의 압력 등이 새로운 땅의 개간을 필요하게 만들었기 때문이다.

12. (1) 노동조합이 있기 전에는 고용주들이 대단한 권력을 가지고 있었다. 이익을 증대시키기 위해 일부 고용주들은 노동자들에게 지극히 낮은 임금을 주고, 장시간 일을 시키며 그들을 부려먹었다. 안전하지 못한 노동 환경으로부터 노동자들을 보호할 법률도 없었다. 만약 노동자들이 아프거나 직업적으로 다치더라도, 그들이 회복될 동안 자신들과 가족들의 부양을 도와줄 보험 제도도 없었다. 자신들의 노동 환경에 대한 관리 감독권을 얻기 위해, 노동자들이 집단으로 모여 조합을 형성하기 시작하였다.

노동조합은 특정한 업종이나 밀접하게 관련된 업종에서 일하는 노동자들의 조직이다. 조합비가 운영비용으로 납부되고, 질병이나 노년, 파업, 실직 기간 동안 조합원들을 도와준다. 조합의 첫째 목적은 고용주들이 자신들의 고용인들을 부당하게 부리는 것을 막아 주는 것이다. 단체 협상이라는 과정을 통해 조합 대표들은 노동자들에게 유리한 계약을 고용주들과 협상함으로써 노동자들의 권리를 보호한다.

(2) 오늘날 조합과 경영진은 모두 작업을 방해하지 않는 분쟁 해소의 중요성을 깨닫고 있다. 오늘날 조합은 좀처럼 경영진에게 합의를 강요하기 위해 파업을 사용하지 않는다. 비슷하게, 경영진도 좀처럼 조합이나 노동자들에게 합의를 강요하기 위한 사업장 폐쇄 조치를 사용하지 않는다.

파업이나 폐쇄 조치는 조합이 경영진에게 조합을 노동자들을 위한 협상 요원으로 받아들여 줄 것을 종용할 때 발생할 수 있다. 또 새로운 계약이 협상중이고, 협상으로 해결될 수 없는 분쟁들이 계약 조항들을 놓고 발생할 때 파업과 폐쇄가 일어날 수도 있다. 그러나 여기서도 노동에 영향력을 가지는 법률은 그러한 행동을 취하는 것을 어렵게 만들고 있다. 정부는 숙련된 노동 조정자들의 서비스를 제공하여 양쪽이 합의에 도달하도록 도와준다.

조합은 또 다른 방법인 피켓팅으로 경영진에 압박을 가한다. 이것은 조합과 경영진 사이의 분쟁을 노동자들과 대중들에게 알리는 표지판을 들고 공장이나 사업장 근처에서 행진하는 것을 뜻한다. 한 가지 목적은 여론을 이용하여 경영진에게 조합과 협상을 하도록 압력을 가하는 것이다. 또 다른 목적은 노동자들이 작업을 계속하지 못하게 하는 것이다. 조합원은 피켓라인을 건너가서는 안 되게 되어 있다. 일반적으로 피켓팅의 사용은 연방법으로 규제를 받고 있다.

13. (1) 65세 이상인 사람들의 수입은 다른 어떤 연령 집단의 수입보다 더 적다. 1979년 이전에는 미국의 많은 사람들이 직장에서 65세가 되었을 때 퇴직을 해야 했다. 이제는 그 연령이 70세이다. 일부 노동자들은 퇴직 후에 65세부터 매달 연금을 받는다. 그러나 대부분의 연금은 노동자 봉급의 절반도 안 된다. 어떤 사람들은 연금을 전혀 받지 못하고, 사회보장이나 일종의 정부 보조로 살아간다. 고용주들이 흔히 나이든 사람들을 고용하기를 원치 않기 때문에 65세가 넘은 사람들은 직장을 구하기 어렵다. 결과적으로 가장이 65세 이상인 미국 가정들의 평균 소득은 젊은 가정들의 평균 소득의 60%도 안 된다. 노인들의 7분의 1이 최저 생계비 미만의 수입을 얻고 있다.

연금이나 신탁, 노년 보험 등에서 매달 고정 금액을 받는 사람들도 특별한 문제를 가지고 있다. 그들이 받는 금액이 먹고살기에는 알맞을 것이다. 그러나 질병 같은 위급한 상황이 생기면, 그들은 첨가되는 비용을 충당할 수 없다. 그리고 식품, 의류, 임대료, 의료 등의 비용이 올라서, 이런 비용을 충당하기 위해 고정 수입을 늘여 쓰기는 더 어려워진다.

(2) 감정적으로, 사람이 늙어 가면서 부딪히는 문제들이 있다. 일하고 자식들을 기르는 바쁜 세월을 보낸 뒤, 많은 노인들이 덜 활동적인 생활에 적응하기가 힘들다. 가정과 직장 외에는 관심을 거의 갖지 못한 사람들로서는 하루의 시간을 채우는 방법을 찾기란 특히 힘들다. 노인들이 할 일이 없을 때, 그들은 자신들의 삶이 목적을 갖지 못하고, 실제로 아무도 자신들을 필요로 하지 않는다고 느끼기 쉽다.

외로움은 나이든 사람들의 또 다른 문제이다. 자식들은 성장하여, 결혼하고, 떠나간다. 친구들은 죽고, 남편과 아내인 자신들은 죽음으로 헤어진다. 특히 여성들은 홀로 되는 것에 적응해야 한다. 왜냐하면 그들은 평균적으로 6~7년이나 남성들보다 오래 살기 때문이다.

(3) 개인으로서 우리는 노인들 삶의 경제적 신체적 문제들을 변화시킬 수가 없다. 그러나 우리는 도울 방법을 계획하는 것을 도울 수 있다. 예를 들어, 일부 지역사회에서는 젊은 사람들이 노인들을 위해 쇼핑을 하고, 그들을 정기적으로 방문한다.

우리는 노년기의 삶을 준비하는 중요성을 이해함으로써 우리 모두를 위한 보다 행복한 노년이라는 목표를 향해 일할 수 있다. 이것은 우리가 젊었을 때부터 좋은 건강 습관을 지킴으로써 우리의 건강을 보호하는 것, 우리가 버는 돈의 일부를 아끼고 저축하는 방법을 배움으로써 경제적인 보장을 수립하려고 노력하는 것, 일상적인 일 외에도 만족스러운 취미를 개발하려고 노력하는 것 등을 의미한다.

노년을 준비하는 것은 중년에 다다를 때 훨씬 더 중요하다. 어쩌면 여러분의 가정에도 현재 부모님이 여러분이 성장하여 집을 떠났을 때의 독립적인 삶을 위한 계획을 시작하고 계실 것이다. 그분들은 몇 년 후에 작은 집으로 이사할 것이라고 말할 수도 있고, 성인 교육 과정을 다님으로써 새로운 흥미를 만들고 계실 수도 있다. 그분들이 취미를 가지고 있고, 독립적인 생활을 영위할 수 있다면, 여러분의 부모님은 나중에 행복하실 것이다. 그리고 여러분도 그럴 것이다. 왜냐하면 그것은 그분들이 스스로 준비해 온 것이기 때문이다.

14. 세계의 역사에서 가난은 흔히 정치적인 문제로 야기되어 왔다. 전쟁이나 혁명 또는 기타 정치투쟁으로 자신들의 가정에서 또는 농장, 상점, 기업체 등에서 쫓겨난 사람들은 흔히 가난에 시달리게 되었다.

현재 미국은 세계에서 가장 높은 생활 수준을 가지고 있다. 그러나 미국 역시 도시와 일부 시골 지역에 가난한 지구들이 있다.

도시에서는 일부 소수민족 집단들이 급속히 변화하는 현대 세계에서 자신들의 생계 벌이에 도움을 줄 기술을 배울 기회를 갖지 못한 도시 빈민가에서 극심한 가난이 발생한다. 이런 상황에 처한 사람들은 흔히 적절하지 못한 주거 환경을 가지고 있고, 일반적으로 (물가가) 더 비싼 도심지에 살고 있어서, 구하기 힘들다는 이유로 식품에 더 비싼 가격을 지불해야 한다.

가난의 문제에 처한 대부분의 국가에서 가장 중요한 한가지 투쟁은, 다른 생활 방식을 알지 못하고 탈출할 수단도 갖지 못해서 가족이 세대를 이어서 여전히 가난하게 남아 있는 가난의 연속을 깨는 투쟁이다. 정부는 가난한 부모의 자녀들에게 다르고 더 나은 생활 방식의 기회를 스스로 가지게 될 것이라는 확신을 주기 위해 열심히 일하고 있다.

15. (1) 오늘날 미국에는 모든 미국 시민들의 평등한 대우와 시민권을 보장하려는 사회적 입법의 추세에도 불구하고 인종차별주의적인 태도와 인종차별이 지속되고 있다. 교육, 고용, 정의 같은 분야에서 여전히 소수민족 집단들이 항상 평등한 조건이나 기회를 갖지는 못하고 있다는 증거가 있다. 그러한 불평등으로 야기된 긴장은, 사실이든 상상이든, 여러 가지 심각한 인종 폭동의 원인으로 자리잡아 왔다.

인종차별주의는 또한 전세계 여러 지역에서 지속되고 있다. 예를 들어, 남아프리카에서는 인종에 따라 국민을 분리한 인종차별 정책이 1991년까지 법률에 의해 실시되었고, 1994년까지는 다인종 국가 총선이 허용되지 않았다.

전세계 다른 지역에서는 점점 많은 백인 젊은이들이 나치 백인 우월주의 사상의 부활을 부추기는 조직에 가담하고 있다. 자기들 말로 이런 '빡빡 머리들'이 소수민족들에 대한 폭력적인 증오의 범죄를 부추기고 있다.

또 동유럽의 세계적인 관심사로는, 한때 유고슬라비아에 소속됐던, 전쟁이 휩쓸고 간 공화국들에서 최근에 시도된 인종 학살 작전이다. 수년 간 기독교인 세르비아와 크로아티아는 그 지역에서 회교도들을 제거하기 위해 '인종 청소' 정책을 추구하였다. 그런 사건들은 어떤 사회 안에서 편협과 증오가 자유로이 장려될 때 발생할 수 있는 잔악 행위를 상기시켜 준다.

(2) KKK단은 미국에 있는 백인 우월주의를 옹호하는 조직이다. 그것은 남북전쟁이 끝난 재건 기간에 많은 백인들이 미국 흑인들의 평등사상을 두려워하던 1866년에 남부에서 시작되었다. 두건이 달린 하얀 예복으로 변장을 한 KKK 회원들은 테러와 폭력으로 백

인 우월주의를 지키려고 애쓴다. 조직은 1871년에 해산하였지만, 1915년에 다시 활동에 들어갔다. 그리고 공격 대상은 로마 카톨릭, 유태인, 외국 태생들을 포함하였다. 그 영향력은 제1차 세계대전 이후 약화되기 시작하여 1930년대까지는 많은 힘을 잃었다. 1960년대 인권 운동 기간에 부활하기도 하였으나, 오늘날은 일반적으로 작은 과격파 집단으로서 많은 도당으로 분리되었다.

16. (1) 많은 난민들은 국제적이고 자발적인 기관에서 운영하는 수용소에서 오랜 기간을 보낸다. 수용소는 주거와 식량, 의료 서비스를 지원하려고 노력한다. 그런 수용소들의 조건은 매우 다양하지만, 거의 모든 곳이 인구가 과밀하다. 흔히 어린이들이 가장 고생을 한다. 그들은 성인들보다 질병이나 다른 고난들을 견디기가 어렵다.

수용소들은 난민 문제에 대해 아무런 장기적인 해결책을 제공하지 못한다. 그들은 단순히 임시 구조를 제공할 뿐이다. 대부분의 난민들은 결국 수용소를 떠나 고국으로 돌아가거나, 도망쳐 간 국가에서 항구적인 가정을 구하거나, 또 다른 나라에서 재정착을 한다.

(2) 더욱더 많은 난민들이 그들의 조국과 멀리 떨어진 곳, 대부분은 서방 선진국들에서 정착을 하게 된다. 난민들을 정착시키는 유일한 최선의 방법은 없다. 그러나 두 가지의 기본 절차가 있다. 스위스나 캐나다 같은 나라들은 특별 센터에 난민들을 유치하여 서서히 새로운 생활양식으로 편입시키는 것을 선호한다.

반대로 미국은 난민들이 곧바로 자진해서 나가기를 장려한다. 임의 단체나, 교회 단체, 개인들(스폰서로 활동하는 사람들)은 주택, 일자리, 그리고 기타 난민들에게 필요한 필수품들을 찾아 준다. 많은 나라들처럼 미국도 살려고 들어오는 외국인들의 수를 제한한다. 그러나 일반적으로 고난을 겪거나 자기 나라에 돌아가면 처형을 당하는 난민들은 받아들인다.

조국에서 멀리 떨어진 곳에 정착하는 난민들은 새로운 언어와 문화를 갖게 되고, 때로는 그 새로운 사회에서 원망을 받기도 하는 등 많은 어려움을 겪게 된다. 난민들은 흔히 환영을 받지 못할 뿐 아니라, 많은 나라에서는 그들을 돌려보낸다. 하지만 이런 문제들에도 불구하고 많은 난민들은 자신들의 삶을 재건하는 데 성공하고 있다.

17. 죽을 권리는, 생명을 유지하기 위해 치료를 받을 것인가 아니면 자연사를 허용할 것인가를 결정하는 죽어 가는 환자의 권리이다. 어떤 사람들은 이 결정이 환자와 의사에게만 달려 있다거나, 또는 만일 환자가 의지를 표현할 수 없다면, 의사와 환자의 가족에게 달려 있다고 믿고 있다. '사망 희망서'라는 문서에 의해, 환자는 고통을 연장시키는 것 외에는 더 이상 아무런 보탬이 되지 않는 치료를 중지하기를 의사에게 주문할 수 있다. 어떤 주(州)들은 상황에 따라서 사망 희망서를 인정한다.

18. 성차별주의는 성(性)에 기초한 편견이나 차별 특히, 어떤 직업을 갖는 것이 허용되지 않았거나, 같은 일을 하고도 남자보다 적은 보수를 받아 온 여성에 대한 차별을 이르는 말이다. 성차별주의는 또 생활 속의 어떤 역할이나, 직업의 종류를 성에 따라 맡기는 사고방식을 말한다. 예로는 집안 일이나 간호는 여성의 역할이고, 기업을 경영하거나 공직을 갖는 것은 남성의 역할이라는 생각들이다.

19. 오늘날 많은 나라의 사회보장제도는 심각한 재정난에 부닥쳤다. 실업과 인플레이션(상품과 서비스 비용의 상승)이 이런 문제를 창출하였다. 많은 사람들이 일자리를 잃었으며, 연금에 납부하는 사람들은 적어지고, 더 많은 혜택이 실업보험으로 지출되어야 한다. 생활비가 올라감에 따라, 사회보장 납부금도 올라간다. 미국에서는 사회보장 수가가 인플레이션 비율에 따라 정해진다. 이것은 생활비가 오르면 사회보장비 납부금도 증가한다는 뜻이다.

1983년, 오랜 토론 끝에 미국 의회는 사회보장비용을 줄이는 것을 목표로 하는 법안을 통과시켰다. 새로운 법안에 따르면 퇴직 연령은 2027년까지 67세로 점차 상향될 것이다. 쉽게 퇴직하는 사람들의 혜택은 줄어들 것이다. 생활비 상승은 약간 둔화될 것이고, 법안은 사회보장 기금이 낮을 경우, 그런 상승을 동결시키는 조항을 담고 있다. 노동자들의 납부 금액은 1990년까지 단계적으로 상승할 것이다. 이런 조치들은 법안에 포함된 다른 개정안들과 함께 사회보장비용이 납부 금액을 초과하지 못하게 할 것이다.

20. 사회사업가가 되려는 젊은 남녀에게 영향을 주는 것은 무엇일까? 이 직업을 선택하는 사람들은 일반적으로 그들이 정말로 사람들을 걱정하고 그들을 도와주고 싶어서 그렇게 하기 때문에, 그들은 생산적이고 만족스런 삶을 영위할 수 있다. 사회사업가들은 대부분의 사람들이 자립하기 위한 도움을 받을 수 있다고 믿는다. 사람들이 자신들의 권리를 보장하고, 자유를 보호하고, 최고 수준의 발전에 도달하도록 돕는 기회는 사회사업을 매력적이고 즐겁게 해준다.

봉급 수준이 향상되고, 사회사업이 실시되는 여러 가지 상황들이 야심찬 젊은이들에게 대단한 매력을 주고 있다. 생활 여건과 보건 서비스, 인간관계에 바람직한 변화를 주기 위해 일할 수 있는 기회는 사회사업을 매력적이고 보람있게 해준다.

21. 사회학은 다른 사람들과의 관계에서 영향을 받는 사람들의 행동을 연구하는 학문이다. 사회학자들은 인간관계와 그 관계들이 함께 살며 일하는 사람들에 의해 어떻게 영향을 받는지 탐구하려는 전문가들이다.

예를 들어, 사람들이 학교에 가고, 조직에 가입하고, 직장을 구하거나, 새로운 지역사회로 이사를 할 때는 어떤 일이 일어날까? 사회학자들은 사람들이 행동하는 방식의 과정과 이유를 이해하는 것에 학문적인 흥미를 가진다. 어떤 인간 행동은 범죄와 실업같이 개인이나 타인들에게 문제를 일으킨다. 사회학자들만이 이런저런 문제들을 해결할 수는 없다. 가능한 원인과 설명을 찾음으로써, 그들은 사람들을 도와 그 문제들을 줄일 수가 있다.

연구를 하는 것 외에도, 대부분의 사회학자들은 대학이나 고등학교에서 가르친다. 머지않아 사회학은 초등학교에서도 가르치게 될 것이다. 사회학을 공부하는 학생들은 인간 행동에 관해 알 수 있는 것을 찾아낸다. 때로는 이것이 자신과 타인들을 더 잘 이해하는 데에 도움을 준다.

22. 대리모는 어떤 의학적인 문제가 여성으로 하여금 임신을 하지 못하게 하여 자신들의 자식을 갖지 못하는 부부를 위해 대신 아기를 낳아 주기로 계약을 하는 여성이다. 기관이나 변호사들이 자식 없는 부부를 대리모가 되기를 원하는 여성과 연결해 준다. 그 여성은 인공 수정에 동의하고, 임신이 되면, 출산시에 아기를 부부에게 양도한다. 전형적으로 부부는 모든 비용을 지불하고 그 여성에게 추가적인 대가를 준다. 그 실행은 심각한 법률적 윤리적 문제를 일으키고 있고, 많은 단체들이 그것이 금지되어야 한다고 믿고 있다. 일부 주(州)의 의원들은 대리모를 규제하는 입법을 제기하였다.

23. 가까운 장래에 우리가 테러리즘의 종말을 볼 수 있을 것 같지는 않다. 테러리스트들은 타고나는 것이 아니라 역사적 사건들에 의해 만들어진다. 테러리스트들을 자극하는 많은 원인들은 여전히 해결되지 않고 있고, 또 오늘날의 일부 정치적 이슈들이 내일의 대결로 발전할 것이 확실하다.

사실, 테러리즘이 증가할 것으로 예상되는 데는 몇 가지 이유가 있다. 첫째, 그것은 이목을 집중시키고, 정부를 혼란시키고, 사망과 파괴를 일으키는 데 성공적인 것으로 증명되었다. 둘째, 무기와 훈련, 자금 조달이 테러 집단들에게 용이하다. 셋째, 국제적으로 연계된 조직과 국가들이 존재하여 테러 활동의 착수를 훨씬 더 쉽게 해준다.

이 오래된 문제에 대한 유일한 해결책은 없다. 그러나 무엇보다도 필요한 것은 테러리즘이 어디에서 발생하더라도 국제사회가 법률로 다스릴 것을 강력히 지지하는 것이다.

24. 실업보험은 자신의 잘못 없이 직장을 잃는 노동자들에게 돈을 지급한다. 보험은 노동자가 다른 직장을 구할 때까지 식량, 주거, 의복 등 필요한 것들을 구입하기에 최소한의 충분한 돈을 지불한다.

그 제도에 지급되는 돈은 모든 사업장 근로자들의 임금을 기반으로 하여 고용주들에게 부과하는 특별 세금에서 나온다. 사업장의 노동자들이 실직되었을 경우에 그들에게 보험 시혜를 지불하기 위해서 기금이 조성된다. 그러나 노동자들이 기꺼이 일을 할 준비가 되어 있지 않거나, 어떤 필요한 요건들을 충족시키지 못하면 보험 시혜를 받을 수 없다.

이렇듯, 실업보험은 두 가지 중요한 목적에 기여한

다. 그것은 노동자들이 일시적으로 직장을 잃을 때, 수입이 없어지는 노동자들을 보호해 준다. 일반적으로 그들은 실직 기간 동안 가족을 부양하기 위해 집이나 자동차를 팔거나 모든 저축을 다 써 버리지 않아도 된다. 동시에 노동자들에게 지급되는 돈은 식량, 의복, 임대료 및 기타 필요한 것들을 구입하는 데 쓰인다. 이것은 경기 하락으로 인해 많은 노동자들이 해고당하지 않도록 기업들을 지탱시켜 주어, 지역사회의 경제를 지원하는 데도 도움이 된다.

25. 공립학교에서 인종차별을 금지하는 1954년 연방 대법원의 획기적인 판결에도 불구하고, 흑인들은 여전히 미국 생활의 많은 분야에서 백인들과의 평등이 거부되었다. 완전한 평등을 향한 진보의 느린 속도에 대해 흑인들이 가진 불만은 흑인 인권 운동 지도자들의 새로운 세대를 등장시키게 하였다.

가장 유명한 사람이 흑인을 차별하는 법률에 대해 비폭력적이고 수동적인 저항을 설교한 침례교 목사인 마르틴 루터 킹이었다. 킹과 여러 인권 운동 지도자들은 기존의 인종차별 법률에 항의하며 연좌 농성, 불매 운동, 남부 지역 행진 등을 주도하였다. 1963년 킹이 주도한 수도 워싱턴에서의 대규모 인권 행진에는 많은 백인들도 동참하였고, 드디어 미국에서 인종차별을 끝낼 때가 되었음을 전국에 생생하게 보여주었다.

26. 미국과 다른 여러 나라에서 생활 보호 제도의 수준에 대한 논의가 있었다. 어떤 사람들은 그 제도에 많은 낭비가 있으며, 자신들이 너무 많은 비용을 대고 있다고 말한다. 그들은 시혜가 삭감되어야 한다고 주장한다.

다른 사람들은 복지 프로그램의 삭감에 반대한다. 그들은 삭감이 가장 가난한 사람들에게 피해를 준다고 말한다. 이 사람들은 여러 나라에서 인플레이션 때문에 시혜의 가치가 이미 전보다 줄었다고 지적한다. 미국에서는 최근에 추세기 생활 보호를 줄이는 방향으로 나가고 있는 것 같다.

27. 1888년에 엘리자베스 캐디 스탠튼과 수전 앤터니가 '국제여성회'를 설립하였을 때, 국제 페미니스트 조직은 공식적인 지위를 얻었다. 캐나다, 덴마크, 영국, 핀란드, 프랑스, 인도, 아일랜드, 이탈리아, 그리고 미국 등지에서 온 대표들은 교육과 모든 직업에 대한 동등한 권리, 동등한 일에 대한 동등한 보수 등을 요구하는 결의안을 채택하였다. 그 국제회의와 후속 조직인 '국제여성참정권동맹'은 정기적으로 만났다.

1990년대에, 국제연합 기록은 100여 개 국가에서 여성들이 투표를 한다고 지적하고 있다. 거의 같은 수의 나라들이 역시 '국제연합 여성차별철폐협약'에 서명하였다. 1979년 12월 19일 총회에서 채택된 그 협약은 1981년 9월 2일에 국제 조약이 되었다. 그것은 모든 종류의 여성 노예와 매춘의 철폐, 교육과 고용 기회 및 그 혜택에 대한 남성과의 동등한 권리, 출산휴가와 육아 프로그램, '자녀의 수와 터울을 선택'할 자유 등을 요구하였다. 1996년 현재, 미국은 이 협약에 서명은 하였으나 비준은 하지 않았다.

English Theme Reading

제 4 장

1 1. ⑤ 2. ① 3. ② 4. ④   2 ①   3 1. ④ 2. ①   4 ⑤   5 1. ① 2. ④ 3. ①
6 1. ④ 2. ④   7 ④   8 1. ⑤ 2. ②   9 (1) ④ (2) ③   10 ④   11 ③
12 ③   13 ④   14 1. ② 2. ②   15 ②   16 ①   17 ①

1. (1) 광고는 아주 많은 사람들에게 정보를 가져다주는 어려운 일이다. 광고의 목적은 사람들을 반응하게 하는 것 즉, 산불의 예방이나, 어떤 제품 또는 서비스에 대한 사람들의 태도에 영향을 주는 데 도움이 되는 어떤 생각에 반응하게 하는 것이다.

1990년대 초반에는 광고를 인쇄로 하는 판매 정책이라고 설명하였다. 이 개념이 확대되어 텔레비전과 라디오를 포함하게 되었지만, 오늘날도 여전하다. 어떤 것을 판매하는 가장 효과적인 방법은 일대일 접촉을 통해서이다. 그러나 일대일 판매는 비용이 높다. 시간이 많이 걸리기 때문에, 그것은 제품과 서비스의 비용을 증가시킨다. 광고는 한번에 많은 사람들에게 판매의 메시지를 전달한다.

(2) 광고주들은 메시지를 전달할 어떤 매체나 매체 집단을 선택할 때, 판매할 제품의 종류와 그 제품을 가장 잘 구매할 것 같은 사람들의 집단을 생각해야 한다. 가능한 최저 비용으로 가능한 많은 사람들에게 다가가는 방법을 생각해야 한다. 1천 명에게 다가가는 비용 즉, 1천 명당 비용은 각 매체마다 다르다. 신문이나 잡지 같은 인쇄 매체에서는 광고주들이 그들의 메시지를 배치할 공간(면이나 면의 일부)을 구입한다. 라디오나 텔레비전 같은 방송 매체에서는 메시지들을 제공할 시간을 구입한다.

(3) 옥외 광고는 가장 오래된 매체의 하나이다. 일반적으로 삽화가 화려하고 강렬하며, 짤막한 판매 메시지를 담고 있다. 광고판들은 많은 사람들이 볼 것으로 조사에 나타난 지역에 설치된다. 광고판들은 석판화로 인쇄된 종이들을 풀로 붙인 것에서부터 좀더 영구적이고 더 비싸게 그려진 게시판(게시판이나 건물의 측면에 그림을 그린 것)이나 주목을 끌기 위해 조명까지 사용하는 매우 비싼 초대형 광고판에 이르기까지 다양하다. 적절한 간격으로 조명을 반짝이게 하여 초대형 광고판은 커피 잔이 채워지는 것 같은 움직이는 효과를 창출해 낸다. 초대형 광고판들은 간혹 컴퓨터가 제어되기도 한다.

포스터는 일반적으로 기차역이나, 버스, 열차에 부착된다. 이것을 운송 광고라고 한다.

(4) 광고는 큰 사업이고, 매력적인 사업이다. 글과 미술, 흥행업, 과학을 결합한다.

일반적인 광고 대행사는 많은 다양한 경험과 재주를 가진 사람들을 필요로 한다. 그러나 기회는 제한되어 있다. 어떤 평가에서는 매년 광고계 신인들을 위한 자리는 몇 천 군데도 안 되는 것으로 나타났다.

대부분의 광고 직업은 언어를 기술적으로 사용하는 능력을 요구한다. 또 다른 자질로는 호기심과 상황을 분석함에 있어 상상력을 발휘하는 능력이다. 소매 판매의 경험은 광고 직업을 위한 훌륭한 준비이다.

2. 라디오 방송국은 재미있는 곳이다. 프로그램들이 스케줄에 따라 정확하게 방송되어야 한다. 이렇게 하기 위해, 방송국에서 일하는 사람들은 긴장하고 주의력이 있어야 한다. 이들은 주위 세계와 긴요하게 연결되어 있어서 명사들이나 다른 뉴스를 만들어 내는 사람들과 가깝게 일한다.

라디오 방송국은 3개의 주요부서가 있다. 프로그램부, 기술부, 사업부이다. 라디오 방송국에 고용된 사람들의 수는 매우 다양하다. 작은 도시의 몇백 또는 몇천 와트의 미약한 호출부호를 가진 방송국들은 직원이 겨우 몇 명밖에 안 된다. 한 사람이 여러 부서에서 일하기도 한다. 큰 도시 지역에 5만 와트의 강력한 호출부호를 가진 방송국들은 흔히 직원들이 많다. 예를 들어, 뉴욕시 한 방송국의 뉴스 부서만 해도 작은 도시에서 방송하는 한 개 방송국의 전 직원들보다 더 많은 사람들이 있다.

3. (1) 텔레비전 프로그램 제작은 창조적, 기술적, 사업적인 기술을 결합한다. 텔레비전 제작에는 기본적인 3가지 유형이 있다. 생방송과 비디오테이프, 필름이다.

어떤 프로그램은 행사가 일어나고 있는 동안 '생중계'로 방영된다. 생방송은 뉴스 프로그램과 축구 경기, 추수감사절 퍼레이드 같은 행사들을 포함한다. 둘째 방법인 비디오 녹화에서는 프로그램이 편리한 시간에 비디오테이프로 녹화되고 편집되어 나중에 방영된다. 예를 들어, 일주일치 일일 게임쇼를 하루에 비디오로 녹화한다. 그리고 5회의 쇼를 한 번에 하나씩 방영한다. 세 번째 방법은 영화를 만드는 방법과 같다. 영화 필름으로 한 번에 한 장면씩 녹화한다. 필름을 편집한 다음, 나중에 방영하기 위해 비디오테이프로 옮긴다. 전자식 영화 촬영술이라는 이 방법에 변화를 주어, 비디오 카메라가 영화 카메라 대신에 사진을 찍는 데 사용된다.

텔레비전 제작은 많은 기술을 필요로 한다. 제작에 관계되는 사람들로는 감독, 작가, 제작자, 조명 감독, 카메라 기사, 음향 감독, 편집자 등이 있다. 복잡한 제작은 수십 명의 다른 전문가들이 포함된다. 텔레비전 제작 일을 하는 사람들의 생각을 알려면, 텔레비전 프로그램의 끝에 나오는 크레디트를 읽어 보라.

(2) 매우 다양한 직종이 텔레비전에 유용하고, 그 중 많은 직종이 방송에 쓰인다. 하지만, 많은 사람들이 그 분야에서 직업을 찾기 때문에, 일자리의 경쟁이 치열하다. 거의 모든 방송 직업들이 고등학교 교육을 요구하며, 많은 곳은 대학 학위를 요구한다. 많은 학교와 대학들이 방송과 비디오 제작에 관한 프로그램을 제공하고 있다.

텔레비전 방송에서의 주된 직업 분야들로는 프로그래밍, 영업, 뉴스, 제작, 엔지니어, 관리 등이다. 독립 텔레비전 프로덕션 회사들에는 유용한 일자리들이 많아서, 이들 회사들은 글을 쓰고, 제작을 하고, 텔레비전 프로그램을 연출하기 위한 사람들을 고용한다. 또 다른 유망 텔레비전 직업으로는 기업과 산업용 비디오에 있는데, 기업, 정부, 학교, 기타 단체들을 위한 비디오 프로그램을 제작하는 수천 개 기업들 중의 하나에서 일하는 것이다.

4. 비밀 메시지를 보내는 또 다른 방식은 평범해 보이는 텍스트 안에 그것을 감추는 것이다. 이렇게 하는 한 가지 방법은 격자(그릴)를 이용하는 것이다. 격자를 만들기 위해서는, 빳빳한 종이 두 장에다 각각 똑같은 구멍들을 낸다. 그런 다음 한 장은 친구에게 보내고 다른 한 장은 자신이 보관한다. 자신이 메시지를 쓰고자 할 때마다, 격자를 깨끗한 종이에 올려놓고 그 구멍들을 통해 비밀 메시지를 쓴다. 그 다음, 격자를 치우고 종이의 나머지 부분을 단어들로 채워 넣어 어떤 의미를 만든다. 그 또 하나의 격자를 가진 사람이 글 위에 올려놓으면, 비밀 메시지가 드러난다.

5. (1) 커뮤니케이션의 주요 수단은 두뇌와 감각이다. 인간은 주로 시각과 청각을 이용한다. 그러나 다른 감각도 쓴다. 보지도 듣지도 못하는 사람들은 흔히 촉각으로 하는 의사 전달 방법을 배운다. 맹인들은 손끝으로 점자를 만져서 읽는다. 듣지도 못하고 말도 못하지만 볼 수는 있는 사람들은 특수한 수화를 이용해서 의사 전달을 한다.

커뮤니케이션은 사람들이 자신들의 지식을 공유하고, 첨가하고, 다음 세대로 전달하는 것을 가능하게 한다. 커뮤니케이션을 통해 각자는 다른 사람들이 이용하도록 사상의 저장소에 사상을 첨가한다. 커뮤니케이션이 없다면 어떻게 될지 생각해 보라. 사람들은 모든 것을 자신이 직접 찾아야 할 것이다. 사람들은 자신들이 이용하는 모든 것을 만들어야 할 것이다. 각자 완전히 처음부터 시작해야 할 것이다.

(2) 매스커뮤니케이션을 위한 수단을 흔히 매스미디어라고 한다. 인쇄는 그러한 최초의 수단이었다. 인쇄의 발달로 더욱더 많은 책들이 사상들을 기록하여 더 많은 사람들에게 사상들을 전파하였다. 적지 않은 사람들이 정보를 공유할 수 있었다. 거의 모든 지식이 책에 담겨서 원하는 사람들 누구에게나 제공할 준비가 되어 있다. 지난 세기에는 대단히 많은 도서관들이 성장하였다. 사람들은 책을 살 뿐 아니라 빌릴 수도 있다. 사람들은 살 수 있는 책보다 더 많은 책들을 읽을 수 있다.

잡지는 책보다 훨씬 더 많은 사람들에게 다가간다. 지난 세기에 잡지 출판은 거대한 산업으로 성장하였다. 수백만 명이 잡지를 읽는다. 잡지는 또 정기적으로 자주 등장하고, 책보다 더 신속하게 발간되므로, 잡지는 뉴스를 더 신속히 출판하고 공공 문제에 대한 의견을 제공할 수 있다. 신문은 뉴스와 견해를 출간하는 잡지보다 훨씬 더 빨리 움직인다. 그리고 훨씬 더 많은 사람들이 읽는다. 미국과 캐나다 신문들은 매일 수백만의 독자들에게 다가간다.

(3) 컴퓨터는 모든 종류의 정보를 저장하는 기계이다. 최근에는 크고 작은 컴퓨터들이 시민들의 생활이나 활동과 관련된 많은 기록들을 보관해 왔다. 그런 기록들 가운데는 학교 성적, 사회보장, 세금, 소비자 신용, 운전 기록, 보험 정책, 건강과 병원 치료, 은행 예금과 대출, 체포와 유죄판결, 조직의 회원 등을 취급하는 것들이 있다.

이 기록들은 쉽게 수정하고 재생할 수 있다. 국가 안보 문제뿐만 아니라 범죄 수사에도 도움이 된다. 하지만, 그 기록들은 남용될 수도 있다. 이 모든 기록들을 집중된 곳에 보관하는 것은 사람들에게서 프라이버시를 빼앗고, 아무런 잘못도 하지 않은 개인들의 감시를 부추길 수 있다.

컴퓨터 네트워크는 전화선으로 설치되었다. 중앙 컴퓨터는 전화로 멀리 떨어진 컴퓨터 단말기까지 정보를 보내고 받을 수가 있다. 단말기는 중앙 컴퓨터의 정보를 인쇄해 낼 수 있는 타자기 같은 장치이고, 또 단말기는 정보를 보여주는 비디오 스크린도 가지고 있다.

6. (1) 민주주의에서 언론은 매우 중요한 역할을 한다. 대중들에게 자신들의 생활에 영향을 주는 사건들을 알려주는 것이다. 언론인들은 흔히 입법부나 기업 이사회 등의 모든 회의에 참석할 수가 없는 시민들의 눈과 귀라고 일컬어진다. 책임감 있게 투표하려면, 사람들은 공공 문제에 관한 정확하고 시기 적절한 정보를 제공하는 믿을 만한 언론인들에게 의존해야 한다.

뉴스 보도를 통해 대중들에게 알리는 것 외에도, 언론인들은 흔히 배경 기사와 사설 등을 통해 뉴스를 해석하기도 한다. 때때로 언론인들은 대중들에게 어떤 행동을 취해야 하는지를 제안하기도 한다. 또 특정한 정책이나 사건의 개연성 있는 결과에 대해 자신들의 의견을 제공하기도 한다. 언론은 사회 개혁에 핵심적인 역할을 한다. 언론인은 정부나 기업의 활동을 조사하여 잘못하는 일들을 들춰내는 수사 기자라고도 불린다. 이 '파수꾼' 역할은 대중의 이익을 보호하는 데 있어서 매우 중요하다.

언론의 네 번째 기능은 오락이다. 진지한 뉴스 기사 외에도 언론인들은 인간적 흥미의 이야기들, 해학적인 해설, 대중문화에 관한 정보도 제공한다. 그들은 우리 주위 세계에 관한 생생하고 흥미로운 정보를 가져다준다.

(2) 인쇄 매체는 언제나 언론의 핵심적인 역할을 보유할 것이다. 왜냐하면, 신문, 잡지, 회보 등은 가지고 다니기 아주 편리하고, 싸다. 하지만, 점점 많은 뉴스가 전자로 접수된다. 신문과 잡지는 모두 CD-롬이나 컴퓨터화된 정보망을 통한 전자식 배포를 실험하기 시작하고 있다. 텍스트와 사운드, 이미지를 결합하는 이들 멀티미디어 기술은 언론의 미래에 어떤 역할을 할 것 같다.

컴퓨터 이용이 증가하고, 이용자들은 정보를 받기만 하기보다는 상호 커뮤니케이션을 하는 능력이 있어서, 사람들은 언론인들보다 더 많은 정보를 관리하는 방식으로 좀더 직접적으로 뉴스를 얻을 것으로 예상된다.

기술의 변화에도 불구하고, 여전히 언론의 임무는 세계에서 일어나는 일을 가능한 빨리, 알기 쉽고, 진실하게 알리는 것일 것이다.

7. 잡지는 일반 또는 특별 흥미 잡지들로 나뉜다. 때로는 소비자 잡지와 비즈니스 잡지로 불리고, 때로는 상업 잡지라고 불리기도 한다. 다양한 분야의 연구를 보도하는 학문적인 정기간행물들도 있다. 비즈니스 잡지는 특정한 비즈니스의 상업적이고 재정적인 측면을 다룬다. 가끔 취미 잡지라고도 하는 특별 흥미 잡지는 컴퓨터나 승마 등 특정한 주제에 관한 정보를 담고 있다. 일반 흥미 잡지는 광범위한 독자층에게 어필하도록 기획된다. 이 잡지들에는 뉴스를 요약하는 주간지들, 다른 간행물들의 자료를 재발행하는 다이제스트들이 포함된다. 어떤 것은 남성, 여성, 어린이 등, 특정 독자 집단에 흥미가 있는 기사들을 싣는다. 지성적이고 소신 있는 잡지들은 시사 사건들을 분석한다. 일반 또는 특별 흥미 잡지들은 가판대에서나 정기 구독으로 판매된다.

8. (1) 신문에서 어떤 필자가 어떤 사건을 '취재한다' 또는 '쓴다'고 할 때, 그 사람은 그것을 공정하고 사실대로 보도해야 한다. 하지만, 기자들은 취재하는 사건들을 좀처럼 목격할 수가 없다. 그래서 그들은 사건들을 보았거나 경험한 사람들로부터 정보를 이끌어 내야 한다. 가끔은 자신들이 들은 것을 평가하거나 해석을 해야 한다. 기자들이 진실을 쓴다고 확신할 수 있을까? 특히, 인터뷰하는 사람들이 발생한 사실에 대해 의견을 같이 하지 않을 때는 그것이 어렵다.

가끔 신문들은, 심지어 정직하다는 명성을 쌓으려고 노력하는 신문들도 진실을 말하지 않았다는 이유로 피소당하기도 한다. 진실은 어디에 있는 것일까? 독자들은 텔레비전, 라디오, 책, 시사 잡지 등을 찾아볼 수도 있다. 그러나 궁극적으로는 독자 스스로 결정을 해야 한다. 어떤 판단을 할 때, 그 결정이 뉴스와 견해 사이의 차이를 이해하고, 초기의 뉴스 보도를 의심해 보는 데 도움을 준다.

신문 기사의 제목을 의심해 본 적이 있는가? 진실 보도 정책을 유지하는 신문들을 어떻게 가려낼까? 시간이 지나면서, 어떤 신문은 진실한 뉴스 기사로 또는 알아보기 쉽도록 명료하게 의견을 개진함으로써 명성을 얻을 수 있다. 모든 신문이 그 명성을 얻어야 하고, 지속적인 이행을 통하여 그것을 유지해야 한다.

(2) 보도 자료란 시민 개인뿐 아니라 시민 단체, 기업, 프로모터, 광고 회사, 정부 부처 등이 뉴스를 신문에 싣기 위해 활용하는 문서이다. 누구나 보도 자료를 쓰고 신문에 보낼 수 있다. 보도 자료를 쓰는 사람은 그 신문이 그 보도 자료를 받는 시점에, 활용 가능한 다른 뉴스의 양에 따라 그것을 활용할지 안 할지를 알아야 한다. 대부분의 경우, 신문은 그 보도 자료 정보가 일반 대중에게 관심을 주는 것이라면 실을 것이다.

보도 자료를 쓸 때는 충분한 정보를 제공해야 한다. 예를 들자면, 언론인의 글쓰는 방식을 따른다. 누가, 무엇을, 언제, 어디서, 왜, 어떻게라는 6하 원칙을 기억한다. 누가 무엇을 했거나 하고 있는가? 언제 어디서 그들이 그것을 할 것인가? 왜 그리고 어떻게 그것을 할 것인가? 문체에 대해서는 크게 걱정하지 않아도 된다. 신문이 필요하면 고쳐 쓸 것이다.

9. 이런 유형의 여론조사는 텔레비전 네트워크, 신문사, 정부 기관, 정치 후보자들이나 정당 등, 특정한 대중적인 문제에 관심을 가진 여러 단체들에 의해 실시된다. 이런 형태의 조사로 가장 잘 알려진 것들이 아마 정치 후보자들의 선호도 조사일 것이다. 전형적인 질문은 이런 것들이다. "대통령(또는 주지사나 상원 의원) 선거가 오늘 실시된다면, 민주당 존 F. 케네디와 공화당 리처드 M. 닉슨 가운데 당신은 누구에게 투표할 생각입니까?"

여론조사는 또 환경, 실업, 학교, 가장 살기 좋은 곳 등, 여러 주제에 대해서 질문을 할 수 있다. 때때로 질문이나 주제가 진지하고, 사람들에게 중요한 정보를 제공하기도 하고, 때로는 독자들과 시청자들에게 주로 흥미를 주거나 즐거움을 주기 위해 계획되기도 한다.

10. 홍보는 사람들의 신뢰와 호감을 얻으려고 노력하는 것이다. 사람들이 어떻게 생각하는가에 관심을 갖지 않으면, 회사, 정부 기관, 학교, 병원 등, 어떤 조직도 번창할 수 없다. 홍보는 기업이나 조직의 행위들이 여론에 어떤 영향을 미치는지 또는 여론이 그 행위들에 어떤 영향을 주는가에 관한 정보를 기업과 다른 조직에게 제공하는 활동이다. 기업의 활동, 계획, 생각들을 대중들에게 알리는 것은 홍보 담당자의 일이다. 사람들은 어떤 기업에 대해 어떤 것을 알고 있을 경우, 그 기업에 보다 많은 신뢰를 가지는 경향이 있기 때문에 이것은 필요하다.

대부분의 기업들은 홍보 부서를 가지고 있어서, 기업의 계획과 활동에 대해 대중들에게 알린다. 그 부서는 작가, 편집자, 사진과 그림의 전문가, 연구원들로 구성된다.

기업의 활동과 특징을 드러내는 데는 여러 방법이 있다. 매우 효과적인 것으로는 지역 상공회의소나 여러 클럽들 같은 단체들 앞에서 회사의 홍보 담당자가 설명하는 것이다. 그 설명은 흔히 신문에 보도되고, 재 발행되어 그 기업의 계획에 관심이 있는 정부 관리들, 교육자들, 언론인들에게 배포된다. 기업 잡지와 주주들에게 보고하는 경영 연감을 포함하는 인쇄된 팜플렛과 소책자들은 기업에 대해서 대중들에게 알려준다. 영상 필름은 사람들에게 기업에 대해 어떤 것을 보여주는 데 흔히 이용된다. 기업은 사업과는 직접적인 관련이 없는 공공 서비스로, 더 나은 사회를 만드는 데 유익한 프로젝트들을 떠맡기도 한다.

11. 출판은 책이나 잡지, 신문 등으로 인쇄된 글을 대중들에게 가져다주는 사업이다. 수많은 사람들이 출판업에서 일하고 있다. 어떤 사람들은 작가들이고, 어떤 사람들은 작가들의 작품을 편집하는 편집자들이며, 또 다른 사람들은 출간을 종합적으로 책임지고 있다. 또 다른 사람들은 출판물이 독자 대중들에게 관심을 주기 위해 홍보와 광고를 담당한다.

서적 출판에서, 저자는 자신의 원고를 출판사에 제출한다. 어떤 출판사들은, 특히 백과사전을 출간하는 출판사들은 각기 다른 주제별 원고들을 맡은 작가 직원들을 자체적인 팀으로 보유하고 있다. 신문들은 거의 완전히 각기 다른 뉴스 분야의 전문가들인 작가 직원들과 기자들이 기사를 쓴다. 신문들은 자체적인 인쇄소를 가지고 있어서 거의 사건이 발생하는 즉시 뉴스로 인쇄할 수 있다.

잡지 출판은 서적과 신문 출판 둘 모두의 특징을 가지고 있다. 비록 외부 인쇄소에서 인쇄되지만, 시사 주간지는 거의 신문과 똑같이 발행된다. 월간이나 격 주간지는 백과사전이나 다른 참고 서적 출판사들처럼 원고들을 미리 배정한다.

12. 기지국과 통신사 면허증을 얻으려면 통신 규정과 단순한 라디오 이론에 관한 지식을 측정하는 간단한 필기시험에 합격해야 한다. 또 1분당 5단어의 국제 모스 부호를 보내고 받을 수 있다는 것을 보여주어야 한다.

국제 모스 부호는 점과 선으로 이루어져 있다. 그것은 세계 모든 지역에 있는 상업용과 아마추어 기지국에서 사용된다. 거의 모든 조건에서 아주 멀리 떨어진 곳으로 무선통신 부호를 보내는 최선의 방법이다.

그 부호를 알기 위해서는 끊임없는 노력이 필요하다. 각 문자를 개별적인 점과 선 대신에 완전한 한 세트의 발음으로 결합하려고 노력한다. 면허에는 초보자급, 전문가급, 일반급, 고급, 아마추어급 등, 다섯 단계가 있다. 각기 무선통신 기술을 잘 알고 있어야 하고, 이전 단계보다 모스 부호에 훨씬 숙달되어 있어야 한다. 단계가 높을수록 더 많은 특전을 가지게 된다.

13. 오늘날 음악을 감상하는 사람은 사운드를 녹음하고 녹음된 사운드를 즐기는 장비를 매우 다양하게 고를 수 있다. 다음의 오디오 부품들이 완전한 스테레오 시스템을 구성한다.

레코드 플레이어는 회전 턴테이블, 카트리지에 포함된 바늘, 레코드판의 홈에 놓이는 바늘을 잡아 주는 바늘 손잡이 등으로 구성되어 있다. CD 플레이어는 대부분 레코드 플레이어를 대체하여 이제는 기본적인 스테레오 부품이 되었다. 카세트테이프 녹음기 역시 현대 스테레오 시스템에 자주 포함된다.

튜너는 라디오방송을 AM과 FM 모두 수신한다. 프리앰프(사전 증폭기)는 레코드 플레이어나 다른 부품에서 들어오는 전자 부호를 강화시켜 준다. 그것은 또 스테레오 시스템의 음량과 톤을 조절한다. 파워앰프(파워 증폭기)는 스피커에 파워를 준다. 프리앰프와 결합되어 통합 앰프라고 하는 부품이 되기도 한다. 통합 앰프와 튜너는 흔히 수신 장치라고 하는 하나의 부품으로 결합되기도 한다.

14. (1) 컴퓨터를 모뎀으로 연결하여, 전세계 컴퓨터 이용자들은 전화선으로 정보를 전송하거나 수신한다. 이런 방법으로 다른 컴퓨터 이용자들과 통신을 하고, 광범위한 정보와 서비스 영역에 접속할 수 있다. 요금을 내고, 컴퓨터 이용자들은 America Online, CompuServe, Prodigy 등의 상업용 원격통신 서비스 회사들에 접속할 수 있다. 그런 다음, 통계자료, 여행, 이벤트 준비 서비스, 쇼핑 네트워크, 전자우편, 게시판 등, 여러 정보 데이터베이스와 서비스의 거대한 네트워크에 접속하게 된다.

인터넷은 대학들과 정부 과학자들이나 엔지니어들과 연결해 주는 일련의 컴퓨터 네트워크로 시작된 온라인 서비스의 세계적인 네트워크로서, 상업적인 서비스들을 통해 이제 개인들도 접속이 가능하게 하였다. 다른 많은 소규모 컴퓨터 네트워크들도 자기 회원들의 특정 요구에 맞춘 정보와 서비스를 제공하고 있다. 이들 네트워크들은 모두 정보 초고속도로라고 하는 것의 핵심부를 형성한다.

(2) 컴퓨터 이용이 급속히 성장하면서, 전화는 중요하고도 새롭게 이용되기 시작하였다. 전화는 멀리 떨어

진 컴퓨터에 정보를 보내는 작업에 이용된다. 이 과정을 자료 전송이라고 한다. 자료 단말기라고 하는 특별한 종류의 전화가 이런 목적으로 개발되었다. 컴퓨터는 또 일반 전화선으로도 통신을 할 수 있다. 모뎀이라는 장치는 컴퓨터 기호를 전화선을 탈 수 있는 기호로 변조하고, 그렇게 하여 컴퓨터가 수천 마일 떨어진 또 다른 컴퓨터와 '대화' 하는 것을 가능케 하였다.

여러 다른 도시들에 지사를 가진 기업은 많은 작은 컴퓨터들과 데이터 단말기들을 이용해 중앙 컴퓨터와 각 지사들을 연결시킨다. 점점 더 많은 현대 기업들이 컴퓨터 '주변장치'(컴퓨터에 연결된 전자 및 비디오 장치들) 뿐 아니라, 컴퓨터끼리 연결된 네트워크를 따라 한 지역에서 다른 지역으로 정보를 송신하고 있다.

15. 전보와 해외 전신은 즉시 배달 또는 다음날 배달로 보내진다. 어느 경우든 메시지의 길이가 비용을 결정한다. 텔레타이프형 전자우편(메일그램) 메시지는 전신으로 보내지거나 우편배달부 편으로 다음날까지 배달된다.

사람들은 또 전신으로 우편환을 송금할 수도 있다. 우편환은 송금 사무소에서 구입한다. 수신 사무소가 그 우편환을 받으면, 명시된 금액을 수신자에게 지급한다.

어떤 기업들과 다른 전신 이용자들은 자신들의 사무실에 전신 장비를 갖추고 있어서 메시지를 직접 주고받을 수 있다. 텔렉스와 TWX 시스템은 가입자들을 직접 연결을 해주는 전신 네트워크이다.

사진, 도표, 손으로 작성한 문서들은 팩시밀리 장비에 의해 전신회선으로 보내진다. 전형적으로 팩시밀리 기계는 그림의 밝고 어두운 부분을 전기 부호로 변조한 다음 전송한다. 팩시밀리 전송은 흔히 팩스로 알려져 있다.

16. 오늘날 전화는 많은 특별한 모습으로 이용되고 있다. 가정용 무선전화는 이제 아주 일반적이다. 무선전화는 다이얼과 스위치후크 구조를 갖춘 이동식 송수신기(수화기)로 이루어져 있어서, 전선보다는 송수신 양용 무선 전신 접속에 의해 본체 전화기에 연결된다. 본체 전화기의 수백 피트 내에서 전화를 걸고 받을 수 있다.

휴대 전화는 집을 나와서, 예를 들어, 자동차 안에서 사용할 수 있는 이동식 전화기이다. 휴대 전화로 하는 통화는 송수신 양용 무선 전신에 의해 송수신 기지국까지 연결된다. 이 기지국들은 각기 특정한 셀(또는 통화 구역)을 전담하는 네트워크 안에 설치된다. 이용자가 한 셀에서 다른 셀로 이동할 때, 통화는 자동적으로 인근 기지국으로 연결된다. 비슷한 무선전화들이 선박과 항공기에서 사용된다.

17. VCR을 위한 가장 중요한 발전 가운데 하나는 본래 일반적으로 사용되던 테이프보다 더 좁은 카세트테이프의 발달이었다. 1983년에 100여 개 기업이 표준형 너비와 디자인의 테이프를 생산하기로 합의하였다. 이것은 VCR이 여러 서로 다른 제조업자들에 의해 생산되는 카세트를 작동할 수 있음을 뜻한다.

최근의 발전은 '대화식' 비디오 녹화의 발전이다. 컴퓨터의 도움으로 비디오 녹화기의 사용자는 질문들을 하고, 대답을 받고, 또 녹화된 자료 내에서 심화 정보를 안내받기도 한다.

비디오 디스크 녹화 분야에서 중요한 발전은 지우고 다시 쓸 수 있는 비디오 디스크일 것이다. 최초의 지우고 다시 쓰는 레이저로 녹화된 비디오 디스크는 1983년 시연되었다.

비디오 녹화 기술은 급속히 변하고 있다. 오늘날의 가장 최근의 발전도 또 다른 십 년이 지나면 쓸모 없거나 원시적으로 보일 수 있다.